仏教抹殺

なぜ明治維新は寺院を破壊したのか

鵜飼秀徳

文春新書

1198

仏教抹殺　なぜ明治維新は寺院を破壊したのか　◎目次

はじめに

二〇一八（平成三〇）年は、明治維新から一五〇年目となる記念すべき年となった。

明治維新はわが国の長い歴史の中で、極めて重要なエポックだ。長きにわたる幕藩体制が終焉し、次々とヒーローが登場した。「文明開化」「殖産興業」「富国強兵」などの政治スローガンが発せられ、様々な分野で新しい取り組みが始まった。

明治維新という物語は、どのページをめくっても、美談ばかりが語られる。しかし、華やかな歴史の陰に、目も覆わんばかりの痛ましい事実が隠されていたのである。

本書では一八六八（慶応四）年に出された一連の神仏分離令にともなう、仏教への迫害・破壊行為「廃仏毀釈《はいぶつきしやく》」を取り上げる。廃仏毀釈は一八七〇（明治三）年ごろピークを迎え、断続的に一八七六（明治九）年頃まで続いた。

「明治維新一五〇年」は同時に、「廃仏毀釈一五〇年」でもあるのだ。廃仏毀釈とは何か、簡単に説明しよう。

日本の宗教は、世界の宗教史の中でも特殊な形態を辿《たど》ってきた。中世以降江戸時代まで、神道と仏教がごちゃまぜ（混淆《こんこう》宗教）になっていたのである。祈禱《きとう》もするし、念仏も唱えるし、祓《はらえ》も、雨乞いもする。寺と神社が同じ境内地に共存するのも当たり前。神に祈るべき天皇が出家し、寺の住職を務めた時代も長かった。

このように、日本では実におおらかな宗教風土が醸成されてきたのだ。

しかし、明治維新を迎えたとき、日本の宗教は大きな節目を迎える。

新政府は万民を統制するために、強力な精神的支柱が必要と考えた。そこで、王政復古、祭政一致の国づくりを掲げ、純然たる神道国家（天皇中心国家）を目指した。この時、邪魔な存在だったのが神道と混じり合っていた仏教であった。

新政府は神と仏を切り分けよ、という法令（神仏分離令）を出し、神社に祀《まつ》られていた仏像・仏具などを排斥。神社に従事していた僧侶に還俗《げんぞく》を迫り、葬式の神葬祭への切り替えなどを命じた。

この時点では、新政府が打ち出したのはあくまでも神と仏の分離であり、寺院の破壊を命じたわけではなかった。だが、時の為政者や市民の中から、神仏分離の方針を拡大解釈する者が現れた。そして彼らは、仏教に関連する施設や慣習などを悉《ことごと》く毀《こわ》していった。これが廃仏毀釈の概要である。

なかでも廃仏毀釈が激しかった地域は、水戸・佐渡・松本・苗木（岐阜）・伊勢・土佐・隠岐・宮崎・鹿児島などである。徹底的に寺院が破壊された。この地域の廃仏毀釈の背景、目的、やり方などはそれぞれ異なる（本編で詳述）。苗木・隠岐・鹿児島では寺院と僧侶が、地域から完全に消えた。

かれこれ一五〇年が経過した現在でも廃仏毀釈の痕跡はあちこちに残る。廃仏運動が激しかった地域を見渡せば、寺院の数が異様に少なかったり、首が刎《は》ねられた地蔵が路傍に転がっていたりする。たとえば宮崎や苗木の葬式は、今でも仏式ではなく神葬祭で執り行うことがごく当たり前になっている。

それは文化財と歴史の破壊でもあった。

二〇一七（平成二九）年秋、東京国立博物館で「特別展　運慶」が開催され、期間中の入場者数は六〇万人を数える大ヒット展示会となった。この特別展は奈良、興福寺の中金堂再建記念として開催されたもので、同寺から多数の仏像の出品があった。

入場まで二時間以上も待ち、国宝「無著《むじゃく》・世親《せしん》菩薩立像」の前に立った時、まるで命が宿っているようなリアリズムをもって迫るその姿に、私は感動を禁じ得なかった。

しかし、多くの人は知らないのだ。

明治初期、無著・世親像は、あの美しき阿修羅像たちとともに、ゴミ同然の扱いで中金堂の隅に乱暴に捨て置かれていたことを。このとき阿修羅像は腕二本が欠け落ちてしまった（廃仏毀釈との因果関係はよくわかっていないが）。詳しくは後に述べるが、興福寺など奈良の古刹《こさつ》で、天平時代の古仏も含む多くの仏像が焚き火の薪《たきぎ》にされてしまった。無著・世親像や阿修羅像すら、燃やされる可能性があったのである。

また、運慶展の展示品の中に、保有者が伝統仏教の寺院ではなく新宗教団体であるものもあった。廃仏毀釈時、多くの寺宝が売却され、国内外に散逸してしまったからだ。二〇一四（平成二六）年、ニューヨークで開かれたクリスティーズのオークションで、ある仏像が出品されたことが話題になった。それは、興福寺に安置されていた「乾漆《かんしつ》十大弟子立像」を構成する一体であった。現在、同寺に残る十大弟子立像は六体のみ。いずれも国宝に指定されているが、残る四体は廃仏毀釈時に散逸した。それが近年、海外で発見され、オークションにかけられたのだ。

廃仏毀釈によって日本の寺院は少なくとも半減し、多くの仏像が消えた。哲学者の梅原猛氏は、廃仏毀釈がなければ国宝の数はゆうに三倍はあっただろう、と指摘している。

国の財産が失われただけではない。廃仏毀釈は、日本人の心も毀した。

何百年間にもわたって仏餉《ぶっしょう》（仏前に供える米飯）を供え続け、手を合わせ続けた仏にたいし、ある時、日本人は鉄槌《てっつい》を下したのである。僧侶自らが率先して、神職への転職を申し出て、本尊を斧で叩き割った事例も見られた。

二〇〇一（平成一三）年、タリバンがバーミヤンの磨崖仏《まがいぶつ》を爆破した映像は記憶に新しい。なんという畏《おそ》れ知らずの野蛮な行為なのか、と世界中の人々が憤慨した。だが、同様の行為を明治の日本人も行っていたのである。

なぜ、信仰が憎悪に転じたのか。それはいつの時代も、熱狂に飲まれやすい、日本人の独特の国民性にあるかもしれない。廃仏毀釈は、日本人のアイデンティティを観察できる教材でもある。

明治維新を専門とする歴史家や研究者は多い。しかし、当時行われた仏教迫害というタブーの痕跡を、全国的に現場を歩いて調査した事例はこれまでほとんどない。

華々しい明治維新の裏に、「黒歴史」が確かに存在したということを、胸に留めおき、教訓にしていかねばならない。私は各地に廃仏毀釈の痕跡を訪ね、取材を始めた。

第一章　廃仏毀釈のはじまり　——比叡山、水戸

神と仏を切り分けた神仏分離令

仏と神の切り分けは、一八六八（慶応四）年三月以降、新政府による法令の布告という形で、矢継ぎ早に実施されていった。一八六八（明治元）年一〇月まで断続的に続けられた一連の一二の布告の総称を、神仏分離令と呼んでいる。

神仏分離令は三月一三日、以下のような太政官《だじょうかん》布告によって火蓋《ひぶた》が切って落とされた。

「此度《このたび》　王政復古神武創業ノ始ニ被為基《もとづかせられ》、諸事御一新、祭政一致之御制度ニ御回復被遊候《あそばされそうろう》ニ付テハ、先《まず》第一、神祇官《じんぎかん》御再興御造立ノ上、追々《おいおい》諸祭奠《さいてん》モ可被為興《おこさせらるべき》儀、被仰出《おおせいでされ》候、依《より》テ此旨　五畿七道諸国ニ布告シ、往古ニ立帰リ、諸家執奏配下之儀ハ被止《とどめられ》、普《あまね》ク天下之諸神社、神主、禰宜《ねぎ》、祝《はふり》、神部《かんべ》ニ至迄《いたるまで》、向後《こうご》右神祇官附属ニ被仰渡《おおせわたられ》候間、官位ヲ初《はじめ》、諸事万端、同官ヘ願立候様可相心得《あいこころうべく》候事」

この太政官布告の内容は要するに、これからの日本は、古代（法令では、神武天皇がこの世に現れた時と定義している）に、政治上の君主と宗教上の司祭者とが同一であったような祭政一致体制を目指すという内容である。そして、神祇官を復活させ、各神社や神職らは神祇官のもとに置く、という。

神祇官とは古代の律令制のもとでの、祭祀を司る官庁のこと。つまりは、神社は宗教の枠組みから外され、国家機関として機能させていく方針が定められたのだ。「神は国家なり」である。神祇官は一八六九（明治二）年七月に置かれた。

一八六八年三月一七日には、神祇事務局から各神社にたいし、通達が出される。

「今般王政復古、旧弊御一洗被為在候《あらせられ》ニ付、諸国大小ノ神社ニ於《お》テ、僧形ニテ別当或《あるい》ハ社僧抔《など》ト相唱ヘ候輩《やから》ハ復飾《ふくしょく》被仰出候《おおせいだされ》、若《も》シ復飾ノ儀無余儀差支有之分《よぎなくさしつかえこれあるぶん》ハ、可申出候《もうしいずべく》、仍《より》テ此段可相心得候事

但《ただし》別当社僧ノ輩復飾ノ上ハ、是迄ノ僧位僧官返上勿論《もちろん》ニ候、官位ノ儀ハ追テ御沙汰可被為在候間《あらせらるべくそうろうあいだ》、当今ノ処、衣服ハ浄衣《じょうい》ニテ勤仕可致《いたすべく》候事

右ノ通《とおり》相心得、致復飾候面々ハ、当局ヘ届出可申《もうすべき》者也」

ここで注目すべきキーワードは「復飾」である。

復飾とは、僧侶の還俗（僧侶をやめて俗人に戻ること）をさす。江戸時代まで大規模な神社には、「社僧」と呼ばれる僧侶が従事した。そして、神前で読経などの儀式をした。さらに、「別当」とは宮寺《ぐうじ》（神宮寺《じんぐうじ》）における責任者のことである。本通達では、社僧や別当にたいして還俗を促した上で、神社に勤仕するよう命じたのだ。

昨日今日まで仏教者であった人間が、明日からいきなり宗教を変えて神職になれ、というのはあまりにも乱暴な話である。僧侶たちは、激しい抵抗を見せたのだろうか。

意外なことに、多くの僧侶はさほどの抵抗もなく、職替えをした。新政府に逆らっても立場を危うくするだけだし、なにより神も仏も一緒だったのだから、神に仕えても問題なし、ということだったのかもしれない。

続いて、同月二八日の太政官布告では、より具体的な神仏分離の内容が出される。この二八日の太政官布告は俗に、神仏判然令と呼ばれている。「判然」とは「はっきりと区別する」という意味である。

「一、中古以来、某権現《ごんげん》或ハ牛頭《ごず》天王之類《たぐい》、其外《そのほか》仏語ヲ以神号ニ相称《となえ》候神社不少《すくなからず》候、何《いず》レモ其神社之由緒委細《いさい》ニ書付、早々可申出候事《もうしいずべく》、但勅祭之神社御宸翰《ごしんかんちょくがく》勅額等

有之候向《これありそうろうむき》ハ、是又可伺出《うかがいいずべく》、其上ニテ、御沙汰可有之候、其余之社ハ、裁判、鎮台、領主、支配頭等へ可申出候事

一、仏像ヲ以神体ト致候神社ハ、以来相改可申《あいあらためもうすべく》候事、附、本地抔《など》ト唱へ、仏像ヲ社前ニ掛、或ハ鰐口《わにぐち》、梵鐘、仏具等之類差置《さしおく》候分ハ、早々取除キ可申事、右之通被仰出《おおせいだされ》候事」

神仏判然令では、神社における仏教的要素の排斥を命じている。たとえば「権現」「牛頭天王」など仏教由来の神号を禁止した。権現とは仏が神の姿となってこの世に現れたものであり、牛頭天王はインド仏教の聖地、祇園精舎の守護神とされている。

神社に付属して置かれた寺院である神宮寺、あるいは宮寺では、仏像を神体にして祀ったケースが多かった。しかし、それも神鏡などの神体に取り替えるよう命じられた。仏具である鰐口（賽銭箱の上に吊り下げられている打ち鳴らす鐘）や、梵鐘などもすべて取り除け、としている。このように江戸時代までは、神社の中に仏教由来のものが祀られていたり、寺院の中にも神社が祀られていたりと、神仏がごちゃまぜになっていたのだ。

このことは、新政府サイドからすれば、徳川幕府時代の旧態依然とした宗教形態であり、

許しがたい習俗であった。新国家樹立にあたっては、天皇を中心とする祭政一致体制が求められる。そのためには、神と混じり合っていた仏教は「異物」に他ならず、それを明確に切り分ける（判然とする）必要があったのだ。

だが、新政府が目指したのはあくまでも、神仏の切り分けである。この時点では、廃仏毀釈として民衆運動化していくことは、新政府側は予想もしていなかったと思われる。

比叡山から上がった〝火の手〟

廃仏毀釈の最初の大きなアクションは、仏教の一大拠点であった比叡山の麓《ふもと》の日吉大社（滋賀県大津市坂本）で起きた。日吉大社は全国に三八〇〇社以上の「日吉」「日枝」「山王」と名のつく神社の総本宮である。たとえば、首相官邸や国会からも近い赤坂・日枝神社なども、日吉大社の分霊社にあたる。

日吉大社は平安京の表鬼門（北東）に位置することから、災難除けの神様として古くから崇拝されてきた。だが、伝教大師最澄によって比叡山延暦寺が開かれてからは、その勢力下に置かれることになる。日吉大社は延暦寺の守護神として位置付けられた。

いわば、仏を神が守るという上下関係ができあがり、日吉大社は延暦寺に支配されていく。そして、僧侶によって神官らは虐《しいた》げられていたのだ。

折しもそこに神仏分離令が出される。そこで、積年の恨みとばかりに神官たちは徒党を組んで社から僧侶を追い出し、仏像仏具を毀し始めた。これが後に全国に波及していく廃仏毀釈の最初であった。

それは三月二八日の太政官布告から、わずか四日後の四月一日のことであった。四十数人規模の武装した神官たちが、「神威隊《しんいたい》」を名乗って、日吉大社に乱入した。

神威隊を率いたのは、日吉大社社司で新政府の神祇事務局事務掛の任についていた樹下《じゅげ》茂国と、同じく社司の生源寺《しょうげんじ》希徳であった。

樹下らは延暦寺の三執行代（延暦寺を構成する東塔・西塔・横川の三エリアの代表者）にたいして、日吉大社神殿の鍵の引き渡しを要求した。

執行代は、「神仏分離の布告はまだ、天台座主《ざす》より下達されていない。鍵の引き渡しは座主の許可がいる」として、樹下の要求を頑として拒否。僧侶と神官の間でしばしの間、押し問答が続いたという。

埒《らち》があかないとみた神威隊は、本殿になだれ込み、祀られていた仏像や経典、仏具などに火を放った。その数、一二四点に及んだ。鰐口や具足、華籠《けこ》などの金属類四八点は持ち

廃仏毀釈で境内から外に出された日吉大社参道脇の常夜灯

去られた。焼き払われた仏像は本地仏のほかに阿弥陀如来、不動明王、弁財天、誕生仏など。経典の中には六〇〇〇巻になる大般若経や法華経、阿弥陀経などが含まれていた。

暴徒の中には、社司から雇われた地元坂本の農民一〇〇人が含まれていたとされている。当時、坂本の地は延暦寺が支配しており、小作人たちは重い年貢を背負わされていた。江戸幕府の庇護のもと、長年にわたって既得権益を握ってきた延暦寺にたいする地元民の反感は、神官同様に燻《くすぶ》り続けていたと察することができよう。

現在、日吉大社周辺を訪れれば、当時の爪痕をいくつか確認することができる。

ＪＲ湖西線の比叡山坂本駅から一五分ほど歩き、石の鳥居をくぐると、広い参道が境内へとまっすぐに伸びている。その参道の脇には巨大な常夜灯が四四基並んでいる。石には「〇〇権現」との文字が刻まれている。これらはかつて、延暦寺によって境内に立てられたものだが、廃仏毀釈の際に倒され、境内の外に放り出されたのだという。

また、日吉大社周辺には江戸期のものと思われる地蔵を多数見つけることができたが、破壊されたものや、地面に埋まったものも少なくなかった。

新政府の当惑

坂本で始まった廃仏毀釈の動きは、かの地だけで終息することはなかった。日吉大社の暴動は宗教クーデターの様相を呈し、瞬く間に全国に知れ渡ることになる。そして、波状的に各地に広がり、全国で廃仏毀釈運動が展開されていくのである。

この日吉大社の暴動に強い衝撃を受けたのは他でもない、神仏分離政策を推し進めた当事者、明治新政府であった。

長年、僧侶から虐げられてきた神官の逆襲に燃える気持ちは尋常ではなかった。それが大衆をも巻き込み、熱狂的な破壊活動にまで発展したことは、新政府にとっては想定外であった。

新政府は日吉大社の暴動からわずか九日後の四月一〇日、以下のような太政官布告を出し、神職らによる仏教施設の破壊を戒めている。

「諸国大小之神社中、仏像ヲ以テ神体ト致シ、又ハ本地抔ト唱へ、仏像ヲ社前ニ掛《かけ》、或ハ鰐口、梵鐘、仏具等差置候分ハ、早々取除相改可申《あいあらためもうすべく》旨、過日被仰出候、然《しか》ル処、旧来、社人僧侶不相善《あいよからず》、氷炭之如ク候ニ付、今日ニ至リ、社人共俄《にわか》ニ威権ヲ得、陽ニ御趣意ト称シ、実ハ私憤ヲ霽《はら》シ候様之所業出来候テハ、御政道ノ妨《さまたげ》ヲ生《な》シ候而巳《のみ》ナラス、紛擾《ふんじょう》ヲ引起可申ハ必然ニ候、左様相成候テハ、実ニ不相済《あいすまず》儀ニ付、厚ク令顧慮、緩急宜《よろしき》ヲ考へ、穏《おだやか》ニ可取扱ハ勿論、僧侶共ニ至リ候テモ、生業ノ道ヲ不失《うしなわず》、益国家之御用相立候様、精々可心掛候、且神社中ニ有之候仏像仏具等取除候分タリモ、一々取計向伺出《うかがいいで》、御差図可受《うくべく》候、若《もし》以来心得違《こころえちがい》致シ、粗暴ノ振舞等於有之ハ、屹度《きっと》曲事《くせごと》可被仰付《おおせつけられるべく》候事」

要約するとこうだ。

昔から神官と僧侶は仲が悪く、氷と炭のような関係なのは理解できる。しかし、神仏分離令が出されるや、神官が急に権威を得たような振る舞いをして、私憤を晴らすような動きがある。これは、新しい国造りの大きな妨げになる。今後、仏像や仏具を取り除く際には、その都度、お上にお伺いを立てよ。決して粗暴な振る舞いは許されない、などとしている。

この太政官布告からも、神仏分離政策が神官や市民の間で拡大解釈され、コントロール不能な状況になりつつあることが読み取れる。

新政府としては、王政復古、祭政一致を保つためには神と仏の分離は推し進めなければならない。しかし、分離政策はあくまでも粛々と行いたかったのである。

「肉食妻帯」と上知令

それでも、新政府は仏教の力を削ぐ必要性はあった。これまで日本は、ムラ社会の見えざるコミュニティの中で仏教を中心とした檀家制度を敷き、寺院は時に怪しげな儀式を通じて人々を惑わす存在にもなっていた。純粋な神道による強い国家づくりを推し進めるためには、悪習であった仏教を徹底的に弱体化せねばならなかった。

新政府による仏教弱体化政策は、神仏分離令だけにとどまらなかった。

明治新政府は一八七二（明治五）年、「自今僧侶肉食妻帯蓄髪《ちくはつ》等可為勝手《かってなるべく》事」との太政官布告を出す。つまり江戸幕府では禁制であった、僧侶の「肉を食べる・妻をめとる・髪を生やす」を解禁にしたのだ。また、住職の世襲も明治以降は認められるようになっていく。一見すれば、僧侶にたいする規制緩和措置だが、これも神仏分離の一環とみることができる。明治新政府は、宗教的求心力を削ぐ目的で僧侶の世俗化、弱体化を狙ったのだ。

一般人の中にはいまでも「お坊さんが肉を食べてもいいのか」「結婚してもいいのか」という違和感を抱いている人は少なくないだろう。従来「肉食妻帯」を認めていた浄土真宗を除き、確かに江戸時代までそれらの行為は御法度《ごはっと》だった。しかし、明治に入って僧侶の肉食、妻帯などを「国家」が認めるという、新たな局面に入っていく。

伽藍《がらん》（寺院の建物）などの物的破壊に加え、僧侶を俗化させる一連の弾圧によって、みるみるうちに仏教は弱体化してゆく。葬式の際にだけ寺を必要とする「葬式仏教」化が加速していくのもこの頃からだ。現在の、仏教者にたいする「金儲け主義」といった批判の源流をたどれば、この明治の神仏分離政策に行き着くだろう。

さらに明治維新時の一連の仏教弾圧のなかでも、とくに致命的だったのが上知令《あげちれい》であった。上知とは土地の召し上げを意味する。上知令は一八七一（明治四）年と一八七五（明治八）年の二度にわたった。境内の主たる領域を除いて、広大な境内地が没収された。この上知令によって、全国の寺院（神社境内も上知の対象であった）の境内地は数分の一にまで減らされた。上知令については、京都の廃仏毀釈の章でより詳細に述べることとする。

寺院破却のインパクト

神仏分離政策から派生した廃仏毀釈の機運が完全に終息するのは一八七六（明治九）年ごろのことである。江戸時代には寺院数が九万カ寺あり、廃仏毀釈によって半分の四万五〇〇〇カ寺ほどになったとも伝えられている。だが、その正確な実数は不明である。

とくに南九州では徹底的に寺院が破却された。鹿児島県『鹿児島県史』では江戸末期までは県内に寺院が一〇六六カ寺あり、僧侶が二九六四人いたとの記録がある。ところが、一八七四（明治七）年までに寺院・僧侶ともにゼロになってしまった（破却率一〇〇％）。

廃仏毀釈が収まり、浄土真宗がとくに熱心に開教（新たに寺院をつくること）活動を実施したことで、四八七カ寺にまで戻しているが、鹿児島県は四七都道府県の中では六番目に少ない寺院数になっている。

高知県も激烈な廃仏毀釈に見舞われた地域だ。一八七〇（明治三）年三月時点で六一三カ寺存在していたのが、一八七七（明治一〇）年では二〇六カ寺にまで激減した（破却率六六％）。

高知県は、四国八十八カ所霊場巡り（お遍路）の舞台でもある。県内には一六カ寺の霊場が存在するが、うち九カ寺が廃仏毀釈によって廃寺になっている。現在、県内寺院は三六五カ寺まで戻してきているが、往時の約六割の水準である。

廃仏毀釈は島嶼《とうしょ》部にも及んだ。佐渡は江戸時代まで寺院数が多く五三九カ寺を数えたが、八〇カ寺になった（破却率八五％）。隠岐では、およそ一〇六カ寺がゼロになっている（破却率一〇〇％）。島という閉鎖されたコミュニティの中で、ひとたび点火された廃仏毀釈の炎は一気に燃え上がったと思われる。

廃仏毀釈後、破却された一部の寺院は復興され、現在七万七〇〇〇カ寺まで戻して（あるいは開教して）きている。廃仏毀釈直後は激減した状態だったから、檀信徒や寺院関係者がいかに心血を注いで復興につとめたかが伝わってくる。それでも、少なくとも一万カ寺以上の寺院が、現在にいたるまで消滅したままになっているのである。

廃仏毀釈の嵐が吹き荒れた都市では、現在でも寺院の数が異様に少なかったり、仏教由来の文化財がほとんど残っていなかったりする。縁起や過去帳、寺宝録なども破棄されてしまったために、廃仏状況が検証されていないケースがほとんどである。

「寺がゼロ」になった鹿児島県では、県や市の文化財担当者に問い合わせても、「実態がよく分からないし、行政サイドには詳しい人もいない」と言う。また廃仏毀釈後、復興したいくつかの寺に取材依頼をしたが、「嫌な過去の歴史は話したくない」「知らない」と拒否されることが多かった。多くの仏教者が廃仏毀釈をタブー視している実情がある。

しかし、幕末まで仏教を崇拝してきた為政者や多くの市民がなぜ、明治になって「仏殺し」に転じたのか。廃仏毀釈が吹き荒れた地域と、そうではない地域とで、どのような違いがあったのだろうか。以下の章では、こうした疑問にも答えていきたい。

園林寺跡（鹿児島県日置市）の破壊された仁王像

共存してきた神と仏

その準備作業として、廃仏毀釈へとつながる、有史以来の日本人の宗教思想の変化から見てみよう。神道と仏教はいかにして、混じり合ってきたのか。日本には、古《いにしえ》からの「神」が存在してきた。日本での神とはいったい何者か。そう問われれば、ひと言で語ることは難しい。たとえば、ユダヤ教やキリスト教、イスラム教では、神は「唯一絶対的」である。また「万物を創造」し、「人間を超越」した存在でもある。

それに対し、日本の神の存在は「八百万」と言われる。八百万の中には、太陽神で皇祖神でもある天照大神《あまてらすおおみかみ》や、その弟の素戔嗚尊《すさのおのみこと》など様々な神々が存在する。これらの神々の物語は『古事記』および『日本書紀』で語られている。

同時に神道は、森羅万象、全てに霊性が宿るというアニミズムの要素を多分に含んでいる。自然は、人間に恵みを与える一方で猛威もふるう。人々は日々の暮らしのなかで、自然現象に神々の働きを感知し、清浄な山や岩、木や滝などの自然物を神宿るものとして祀り、祭祀を始めた。それが神道の始まりである。

われわれの先祖に遡《さかのぼ》れば、祖霊もまた八百万のなかに組み込まれている。紀元前時代の縄文、弥生期にはすでに神道の原型が萌芽しつつあり、集落の遺跡からは精霊・祖先崇拝の痕跡が認められる。したがって、日本の神には大きな神も小さな神もいて、また山や川、石ころひとつとっても霊性を帯びてくる。

『古事記』の研究者で江戸期の国学者、本居宣長は『古事記伝』の中で、神の定義について、このように述べている。

「凡《すべ》て迦微《かみ》とは古御典等《いにしえのみふみども》に見えたる天地の諸《もろもろ》の神たちを始めて、其を祀れる社に坐す御霊《みたま》をも申し、又人はさらにも云《い》はず、鳥獣《とりけもの》木草のたぐひ海山など、其与何《そのほか》にまれ、尋常《よのつね》ならずすぐれたる徳《こと》のありて、可畏《かしこ》き物を迦微とは云なり。すぐれたるとは、尊きこと、善きこと、功《いさお》しきことなどの、優れたるのみを云に非ず、悪《あし》きもの、奇《あや》しきものなども、よにすぐれて可畏きをば神と云なり」

本居は、災いをもたらすものや、奇怪な存在まで、「神」であるとしている。

神道には、仏教におけるブッダ、キリスト教におけるイエスのように特定の創始者は存在しない。同時に、経や聖書、イスラムのコーランのような経典や、そこから生まれる包括的な教義もない。したがって、神道が宗教ではないとする見方も存在する。

自然発生的に生まれてきた神道の枠組みは、五三八（宣化天皇三）年の仏教伝来をきっかけにして大きく変わっていく。

わが国における仏教は、百済の聖明王によって仏像と仏典がもたらされたことでその種が蒔《ま》かれた。欽明天皇は海を渡ってきた仏像の神々しさに感銘を受け、当時の有力豪族であった蘇我稲目と物部尾輿《もののべのおこし》らに仏教受容の可否を問うたという。

これをきっかけにして、崇仏派の蘇我氏と排仏派の物部氏との論争に発展。最終的には蘇我馬子・聖徳太子の軍勢が物部氏を滅ぼし、排仏派は排除された。蘇我氏の後ろ盾で即位した推古天皇も仏法に帰依する。五九四(推古天皇二)年には仏法興隆の詔《みことのり》が出され、いよいよ日本に仏教が根を下ろすこととなった。

以来、神道と仏教とは江戸時代までの一二〇〇年余りの間、共存共栄の道を辿っていく。平安時代に入ると、神仏習合の理論が構築されていく。仏菩薩が衆生《しゅじょう》を救済するために、神の姿を借りてこの世に現れるという本地垂迹《ほんじすいじゃく》説の誕生である。

神には「権現」と呼ばれる神号が与えられ、偶像(仏像)が各地の神社に神体として祀られるようになる。「権現」とは「仮に現れる」という意味である。

神社には宮寺(神宮寺)がつくられ、あるいは寺院に神社が吸収されるような事例も出てくる。今でも大寺院の境内を歩けば、鳥居や神社の祠《ほこら》が祀られているのを目にすることがある。

また、筆者の地元京都では、お盆の時期に「五山の送り火」という仏教行事があるが、うち一山は「鳥居型」である。神仏習合の名残りは、全国のあちこちにある。

江戸後期の仏教批判

江戸時代に入り、キリスト教禁止令が出されると、幕府は寺院ネットワークを使った戸籍管理を徹底していく。すべての日本人はムラの寺の檀家になることが義務付けられ、宗旨人別改帳へ登録されることになった。

寺院はムラ人の「揺り籠から墓場まで」を一手に担うことになり、経済的に安定した。すると、寺院権力は増大し、僧侶は著しく堕落する。衆生済度《さいど》（生きとし生けるものを悟りの世界に導く）を説くこともなくなり、借金のカタとしてムラ人から小作料を取って苦しめるケースも出てきた。寺院と神社との関係性も常に、寺院が上位であり、僧侶が神職を支配する構図ができあがった。

こうした経緯は、圭室《たまむろ》文雄『神仏分離』（教育社）に詳しい。江戸時代の僧侶は、葬式仏教化によって教学や修行面がおろそかになり、ごく短期間で修行して本山に多額の金を寄付すれば、簡単に僧侶の資格が手に入れられたという。圭室は、同書の中で「結果としてきわめて多くの無学・無修行に近い僧侶を輩出することになった」と述べている。

そうした仏教堕落の兆候が見られるなか、学者らによる仏教批判が巻き起こる。

圭室の『神仏分離』では、四つのグループに分かれて仏教批判が持ち上がり、神仏分離思想が醸成されていったと指摘されている。

第一は儒学者のグループである。近世の儒学を牽引した藤原惺窩《せいか》とその門弟、林羅山、岡山藩の藩政改革にも尽力した熊沢蕃山《ばんざん》らは当時の仏教寺院や僧侶を痛烈に批判。その思想は水戸・岡山・会津の各藩に影響を与えることとなった。

第二のグループは吉田神道の勢力だ。吉田神道とは京都の吉田神社の神官、吉田兼倶《かねとも》が室町時代におこした。吉田神道では本地垂迹説を否定し、反本地垂迹説を唱えている。吉田神社系統の神社では率先して、権現などの仏教的なものを取り外すなど神仏習合色の払拭につとめていた。

第三は国学者のグループだ。国学は江戸時代中期におきた『古事記』『日本書紀』『万葉集』などの古典研究を重視する学問である。『万葉集』の注釈書『万葉代匠記』を手がけた契沖を祖とし、京都の伏見稲荷神社の神官であった荷田春満《かだのあずままろ》、同じく浜松の賀茂神社の神官の子であった賀茂真淵《かものまぶち》、本居宣長、平田篤胤らが発展させていった。なかでも、本居宣長は三五年の歳月をかけて『古事記伝』を完成させたことでも知られる。

国学者たちは仏教や儒教が日本に渡来する前の、日本古来の精神文化を取り戻そうと考えた。つまりは、仏教や儒教こそが諸悪の根源であり、排除することが必要だという考え方である。

平田篤胤らによって大成された復古神道は、天照大神を皇祖と仰ぎ、その子孫である天皇を中心にして繁栄していくことこそ、日本の歩むべき道であると強調している。復古神道の考え方は幕末の尊王攘夷運動の精神的支柱となっていく一方で、維新時の神仏分離政策、廃仏毀釈運動にも多大な影響を与えていく。

第四は藤田東湖、会沢正志斎《せいしさい》らの後期水戸学のグループだ。前期水戸学は、藩主徳川光圀による『大日本史』編纂事業を通じて成立した学風である。前期水戸学では学問的な要素が強かったが、後期水戸学になって過激な尊王思想が芽生えていく。外国との緊迫した情勢が背景にあったからだ。会沢正志斎は著書『新論』のなかで、仏教は邪教であり、日本は神道中心の祭政一致体制に戻す必要を説いている。

以上のように、江戸時代後期までに複数の学派が日本固有の神道への回帰と、仏教排斥（一部は儒教も含めた排斥も）を主張しだす。幕末を待たずして、水戸藩や岡山藩などでは廃仏毀釈が展開された例があった。

廃仏のルーツは水戸黄門

とくに水戸藩の廃仏毀釈は、日本でもっとも早い時期に実施された。江戸時代前期にはすでに、藩内寺院の破却や僧侶への還俗命令などに着手していたのである。ただし水戸藩の前期廃仏毀釈の特徴は、民衆運動としての破壊行為ではなく、無秩序に増えすぎた堕落寺院の統廃合にあった。いわば、寺院と僧侶の「リストラ」である。

水戸藩では第二代藩主徳川光圀の時代、大規模な寺院整理が実施された。その時期は一七世紀半ばであるから、明治維新時の廃仏毀釈とは二〇〇年以上もタイミングがズレているが、明治になっても一部地域では水戸藩の廃仏のやり方をならって、破壊活動を繰り広げるなど思想的影響は少なくなかった。

この時期の水戸藩の廃仏毀釈は、寺社改革とも呼ばれるものであった。

当時、藩内寺院は由々しき問題を抱えていた。一六三〇年ごろ（寛永年間）まで、無秩序に寺院が建立され、僧侶の数も膨れ上がり、正しい信仰が失われていたという。由緒不明の怪しげな寺院が目立ち、治安上の問題も発生した。

とくに加持祈禱《かじきとう》などの呪術めいた儀式をやる密教系宗派の処遇は、光圀にとって悩みのタネであった。庶民がこうした寺院に集い、迷信や妄言などに惑わされ始めたからである。

こうした諸問題の元凶は中世以来、仏教を自由放任にしてきたためであるとして、当時、儒学者の間で仏教批判、神仏習合の否定、神道の復興などが議論されていく。光圀自身、若くして儒学に傾倒していた。当時の儒学界には強い仏教否定の思想が見られる。

光圀の寺院整理はとくに若い頃、徹底的に実施された。光圀が三六歳の時（一六六三年）、藩内寺社の実態を調査した開基帳の作成を命じる。寺院の由緒や檀家数、境内地や伽藍に関する情報、石高などを詳細に調査していった。

すると、藩内には二三七七もの寺院がひしめいており、中でも真言宗系寺院が一三五一カ寺と半数以上を占めていることが分かった。天台宗、修験道などを含めた密教系全体では一九七八カ寺にも及んだ。多くが戦国時代から江戸時代にかけて開基した、歴史の浅い寺院であった。

その実態に光圀は不快感を露わにしたという。そこで、寺社奉行を設置して、寺院整理に踏み切ったのが一六六六（寛文六）年のことであった。そして、「諸宗非法式様子之覚七か条」が制定された。これは破却すべき寺院の条件を列挙したものである。

① 息災（祈禱）・滅罪（葬祭）を共に行わない寺
② 禅宗・浄土宗・日蓮宗のうち祈禱を行っている寺
③ 祈禱ばかり行い葬祭を本意としない寺
④ 葬祭を行わず宗門帳に請判《うけはん》している寺
⑤ 檀那《だんな》（檀家）が全くいない寺
⑥ 年貢地・屋敷地に存立する寺
⑦ 掛け持ちの寺（兼務寺院）

つまりは、宗旨人別改帳を管理せず、葬祭を実施しないような寺院を、軒並み破却対象としたのだ。逆に、きちんとした縁起を持ち、一定規模の寺院で寺檀制度に組み込まれた寺院は、破却対象にはならなかった。無条件な廃仏毀釈ではなく、あくまでも自堕落な寺院の整理を目的としたのが特徴である。この時の寺院整理によって、一〇九八カ寺（破却率四六％）が処分されている。

破却寺院の後始末についても、藩は次のような方針を示している。

還俗を命じた僧侶にたいしては、

「すぐにその土地を持ち、百姓にまかりなりたく存ずる者これあるべく候間、左様の分はその通りに申しつくべく候」

とし、廃寺跡地を利用して、百姓としてやっていけと提案している。

また、破却処分になった寺の檀家は、存続寺院への寺替えを命じた。所有していた什物《じゅうぶつ》（寺で使う道具）や家財道具は売り払うなどして、還俗後の生活資金にするなり、存続寺院に与えるなどするなりせよと指示した。伽藍や境内地は売却されるか侍の屋敷にされるか、郡奉行が管理して年貢地として組み込まれるなどしたという。

一見、ドラスティックな寺院改革だったようにも見える水戸藩の廃仏毀釈だが、光圀は何が何でも「反仏教」というわけでもなかった。茨城県立歴史館史料学芸部長の永井博は、こう解説する。

「水戸藩の寺院整理は、あくまでも是々非々で行われました。怠惰で怪しい寺院は廃寺処分になりましたが、由緒のある古い寺院は残ったし、新たにつくられた寺院もあります。事実、光圀自身が晩年、仏門に関心を寄せ、出家までしていますから、仏教を完全否定したというわけではありません。あくまでも、仏教が宗教としての役割を失っている現状を憂い、正しい宗教のあり方を追求した、光圀らしい政策といえるでしょう」

一六七七（延宝五）年、光圀は生母谷久子の十七回忌の節目に、日蓮宗久昌寺（常陸太田市）を創建。母の名を寺号にあてている。久昌寺は仏殿・法堂・方丈・金堂・浴場など七堂伽藍を備える壮大な寺院であったという。年忌法要に参列した際に光圀は、自ら法華経を写経している。また、多くの什物が、光圀によって寄進された。

このように光圀は毀すべき寺院は毀し、残すべき寺院は残したのである。水戸藩における廃仏毀釈は光圀の没後は沈静化し、また、本来の仏教もあるべきすがたが取り戻されたかのように見えた。

斉昭の廃仏毀釈

ところが、享保年間（一七一六〜一七三六年）になると再び、無秩序な寺院や僧侶が跋《ばっ》扈《こ》しだす。これは、水戸藩だけでなく全国的にも同様のことであった。そのため、幕府は出家制限や、新寺建立禁止令などを打ち出していく。しかし、いたちごっこであった。水戸藩では一七五〇（寛延三）年と一七七一（明和八）年に、寺院にたいして粛正令を出している。

水戸藩では第九代藩主徳川斉昭の時代になると再び、廃仏毀釈の機運が高まっていく。よく知られるように、斉昭は日本最大の藩校弘道館を開設するなど、幕末期の藩政改革を成し遂げ、実子である徳川慶喜とも並んで幕末政局の主人公のひとりとなった人物だ。

その斉昭が実施したのが、天保の宗教改革だった。たとえば、斉昭は「院号・居士・大姉」などの位の高い戒名を金銭で売買する風習を禁止。また、布施が少ないとみるや手抜きの葬式を行うことが常態化していると戒めたり、葬式の場で僧侶に酒の振る舞いをする風習なども禁じたりしたのである。

こうしてみると、現代社会における僧侶批判の背景と、同じような問題を当時の仏教界は抱えていたことが実に興味深い。

水戸藩では一八三三（天保四）年、火葬禁止令を出している。火葬は仏教的な葬送であり、そもそもの神道の考え方では土葬が本来だという考え方に基づく。つまり、葬式も仏式から神葬祭へ転じるように命じたのだ。

「当時の影響が今でも水戸には残っていて、葬式を神葬祭で執り行うことが多いように思います」（永井）

そして一八四二（天保一三）年、斉昭はいよいよ梵鐘や仏具類などの没収を手始めに、寺院の破却、僧侶の削減などの本格的な廃仏毀釈に着手していく。斉昭の廃仏政策は、光圀のような是々非々の寺院整理ではなく、本格的な仏教排斥が特徴だ。

その背景には、国や水戸藩の国防策があった。幕府にとっては外国船対策として大砲の鋳造《ちゅうぞう》が急務だった。水戸藩ではいち早く溶鉱炉をつくり、大砲鋳造の事業を推し進めていく。だが、当初は鋳造技術が極めて未熟で、鋳型《いがた》に銅を流し込んでも漏れ出てしまったという。

藩の金策が尽きたとき、斉昭の懐刀の藤田東湖によって考案されたのが、仏像や梵鐘など寺院に置かれていた什物類を供出させることであった。寺院からの金属供出は同時に、仏教が邪教であることを大衆に向けてプロパガンダできる好機であった。

この時に鋳造された大砲が、日本三名園のひとつ、偕楽園にある。偕楽園は斉昭が一八四二（天保一三）年につくった庭園で、梅園がとくに有名である。筆者が訪れた時は、まさに満開の梅が出迎えてくれた。

偕楽園の片隅に常磐神社がある。常磐神社は光圀と斉昭を祀り、一八六八（明治元）年に創建された。そこに太極砲と呼ばれる一門の大砲がデンと置かれていた。藩内の寺院から集めた什物類でつくられた七五門のうちの一門である。口径三六センチ、砲身は一二七センチもあり、弾丸一発が添えてあった。一八五三（嘉永六）年、ペリーの乗った黒船が浦賀沖にやってきた後、七四門は幕府に献上され、この一門だけが藩内に残されたという。黒々と光る砲身を見ていると、いかほどの仏具が溶かされたのかとの思いが込み上げてきた。

藩では率先して金属供出に協力した寺院には報奨金を与える措置も取られた。早々に鐘などを差し出し、報奨金を得る寺院にたいし、お目こぼしの嘆願運動を起こす寺院も少なくなかったという。藩内で集められた什物類の種類と数は梵鐘が三二三、半鐘が二六五、鰐口が三〇一、濡仏が七などであった。

さらに、斉昭は僧侶にたいする綱紀粛正を徹底させた。一八四三（天保一四）年、藩はこのようなお触れを出す。

「破戒不如法で愚民を欺き、金銭を貪り、肉食妻帯・博奕《ばくち》・女犯などの類が多いのは、御政教の大害で本山宗門に対しても申し訳ないことだから、このたびそれぞれ処罰する」（『水戸市史』より大意）

処罰対象になった僧侶が住職を務める寺院は取り潰しになった。荒廃寺院や無住寺院も積極的に廃寺になった。

斉昭の時代には藩内寺院計一九〇カ寺が処分されている。宗派別では真言宗が八六カ寺と全体の四五％に及んでいる。その内訳が興味深い。

女犯二一　放蕩四　親不孝一　出奔三五　無住九六　大破（荒廃）二四
修理不行届二三　破戒一一　博奕九　不律二　不如法一三　住持不心得一
願により一一　村方困窮一

処分寺院数と、内訳数が合致しないのは、複数の罪状によって取り潰しになるケースがあったからである。

光圀の寺社改革と斉昭による天保の宗教改革との大きな違いは、光圀が由緒ある名刹古刹を保護したいっぽうで、斉昭はむしろ大寺院に狙いを定めて破却を実施している点にある。破却の実数こそ光圀時代のほうが多いが、情け容赦ない廃仏毀釈はむしろ斉昭時代に実施されたとみていいだろう。

茨城県立歴史館の永井博は言う。

「斉昭は宗教そのものを否定したわけではありません。むしろ宗教を使った体制強化策であったといえます。斉昭は宗教の政治的機能をとても強く認識していました。むしろ日本のあるべき宗教を打ち立てたいという思いが強すぎた結果なのでしょう。斉昭の思想の背景には、欧米のキリスト教を中心とした宗教による政治支配があったと思います。そうした宗教支配の根付いた列強が結局は世界を制していく。その文脈でいえば、これからの日本に必要なのは、むしろ強い宗教の枠組みであるということになります。

新しい日本を牽引する宗教は、外来宗教の仏教ではない。日本古来の神道こそが日本の宗教だということなんです。ところが、アニミズムの要素の強い神道には教学というものがない。そこに儒教の教学をもってきて、日本風にアレンジし、『忠孝一致』などの新しい道徳観を、神道と結びつけるかたちで生み出したのです。しかし、それはあくまでも理論先行型の思想本位なものでした。そのため、水戸では民衆運動としての廃仏毀釈には発展しませんでした」

水戸から全国へ

では、斉昭の宗教改革が、為政者たちに受け入れられたかといえばそうではない。むしろ、時期尚早と言えた。「待った」をかけたのが、幕府であった。

当時、幕府は戸籍管理、キリシタン排斥のために、寺檀《じだん》制度を敷いていた。つまり、ムラ人はすべてムラの寺の檀家になり、家族構成から奉公人の有無などの個人情報を、宗旨人別改帳によって管理されていたのだ。江戸時代、幕府と仏教界は共存共栄関係にあった。寺が潰れてしまえば、戸籍管理ができなくなってしまう。斉昭の寺院整理は、幕府の側からみれば、支配構造の否定ともとれる暴挙に映ったに違いない。

一八四四（天保一五）年、幕府は斉昭にたいして謹慎処分を命じる。斉昭の仏教にたいする一連の迫害行為があまりにも急進的であったため、幕府が警戒感を強めたと推測できる。

この斉昭の失脚は、水戸藩の執政（家老）で、保守派で知られる結城寅寿《とらじゅ》らが幕府に働きかけをしたためという説が有力だ。斉昭の廃仏政策は幕府とも縁故の深い江戸の寛永寺や増上寺にも伝わっており、さらに大奥を通じて斉昭排斥のロビイ活動が展開されていった結果であったと言われている。

斉昭の謹慎中、結城が藩の実権を掌握すると、一転、寺院の再興に着手していく。ところが、斉昭の謹慎が解けるや、今後は斉昭が、結城ら保守派の粛清に乗り出したのだ。明治維新時には、水戸藩は急進派と保守派とが泥沼の争いに明け暮れており、廃仏毀釈どころの状況ではなかったという。

斉昭が実施した寺院整理による金属供出の考え方は、明治に入って、他藩の富国強兵政策に移植されていく。とくに激烈な廃仏毀釈を展開した薩摩藩では、水戸藩の事例になららい仏像や仏具が武器鋳造や鋳銭のために悉く、溶かされてしまった（次章にて詳述）。

水戸藩の廃仏毀釈は、時間と場所を変え、維新時に大きなうねりとなって日本全体を包んでいくのである。

地域ごとの廃仏毀釈の全容については、次章以降、詳述していく。廃仏毀釈にいたる地政学的背景、規模感などは地域ごとにそれぞれ異なる。もっとも、神仏分離政策を受けても、破壊活動にまで至らなかった地域のほうが多い。だが、松本や富山、苗木、伊勢、土佐、宮崎、鹿児島などでは大方の寺院が壊されるか、焼き払われるなど、激烈な廃仏毀釈運動へと発展していく。

まずは、明治維新を牽引した薩摩、長州における廃仏毀釈から見ていこう。実は、両者の廃仏政策は対照的ともいえるものだった。

第二章　維新リーダー藩の明暗 ——薩摩、長州

生贄にされた仏教

NHK大河ドラマ『西郷《せご》どん』の追い風を受けて二〇一八(平成三〇)年、大いに沸き立ったのが鹿児島県である。鹿児島は西郷隆盛の他にも、島津家当主や大久保利通など明治維新に関わる人物を多数輩出した。

明治維新一五〇年を記念したプロジェクトが次々と立ち上がり、取材した当時、市内を歩けばあちこちに観光誘致ののぼり旗がはためいていた。

しかし、華々しい歴史の舞台裏には、哀しい史実が存在する。薩摩藩における廃仏毀釈は苛烈を極め、明治初期、寺院と僧侶が完全消滅していたのだ。これほど広域に、寺院が完全に消滅した地域は他にはない。それは、薩英戦争をきっかけにして薩摩藩が富国強兵策に舵《かじ》を切り、西洋化を急ぐあまり、寺院という歴史的な価値が軽んじられた結果であった。

先の水戸藩の事例以上に、ここ薩摩での廃仏毀釈は徹底して行われた。寺院は焼き払われてそこから金属が取られ、一部は偽造通貨の生産に充てられたという。新時代の幕開けにあたり、薩摩藩は仏教を〝生贄《いけにえ》〟にしたのである。

筆者は過去に二度、鹿児島での調査を実施した。だが、実地調査はどの地域よりも難航した。寺院や仏像、什物《じゅうぶつ》類、過去帳、文献のほとんどが、廃仏毀釈時にきれいさっぱり焼却されていたからである。したがって薩摩に残されている史料は、極めて少ない。また、県や市の教育委員会などに廃仏毀釈に関する専門家がいない。わずか数人の郷土史家が細々と研究を続けているのが実情であった。

廃仏毀釈による史料の少なさが、公的調査の妨げになっているだけではない。鹿児島では寺院の過去帳が失われているため、個人のルーツを辿《たど》れるよすがが存在しない。鹿児島県民のアイデンティティをも失わせたのが薩摩藩における廃仏毀釈だった。

このままでは、歴史の真実の姿が検証されないままに失われてしまう——そんな危機感を抱いて、筆者は廃寺跡などを巡っていった。

鹿児島、宮崎に寺院が少ない理由

まず、全国の寺院分布をおさえておきたい。

『宗教年鑑　平成二七年版』によれば、鹿児島県内の寺院数は四八七カ寺となっている（四二位）。寺院数が全国一多い愛知県は四五八九カ寺だから、鹿児島県はおよそ一〇分の一の少なさである。鹿児島とほぼ同等の面積の山形県では一四八六カ寺、また広島県では一七二四カ寺だ。

ちなみに全国一、寺院数が少ないのは沖縄県で八七カ寺である。沖縄の事情は本土とは異なる。一五世紀から一八七九（明治一二）年まで琉球王国という別の国家であったからだ。琉球は一六〇九（慶長一四）年、薩摩藩が琉球に攻め入ると、その後は薩摩藩の支配下となった。

琉球では個々の僧侶による仏教の布教が許されず、檀家制度が導入されなかった。寺は王国から俸禄を受給され、官寺としてのみ存在した。沖縄における葬送の担い手は伝統的に、地域における司祭者であるノロや、土着シャーマンであるユタであった。寺院の数が極端に少ないのは、そうした歴史的、慣習的背景がある。

また、鹿児島の隣、宮崎県の寺院数は鹿児島よりも少ない三四四となっている。現在の宮崎県の一部は、かつて薩摩藩が治めており、廃仏毀釈の影響を多分に受けていた。宮崎の廃仏毀釈については、次章で述べることとする。

筆者はまず、薩摩の廃仏毀釈を調査する数少ない研究者のひとり、鹿児島国際大学名誉教授（日本史）の中村明蔵に会ってきた。中村は、憤っていた。

「各県に『県史』というものがあるでしょう。どの都道府県も綿密に歴史を網羅し、何十冊にもなる代物です。隣の宮崎県では一六年の歳月をかけ、全三一巻を平成の時代に刊行しています。ところが鹿児島は昭和初期に編纂された四巻と、昭和の時代をまとめた二巻のみ。史料そのものが少ない上、廃仏毀釈に対する関心、認識も低い。行政も県民も歴史を大切にしていません。

世間は『明治維新一五〇年』とか、『西郷どん』ブームに沸いていますが、薩摩の負の側面はほとんど、明らかになっていないのです。特に廃仏毀釈によって、鹿児島県民が著しい不利益を被ったというのに……」

鹿児島では廃仏毀釈はなかったことのように扱われているという。もちろん、先に述べたように廃仏毀釈で史料が失われた影響もあるだろう。しかし、隣の宮崎県は鹿児島と同じように激しい廃仏毀釈の嵐が吹き荒れていたにもかかわらず、その後の歴史の検証は鹿児島よりはるかに進んでいるのだ。

名君が主導した廃仏政策

薩摩藩における廃仏毀釈の素地をつくったのは、第一一代藩主島津斉彬だ。斉彬は身分の低かった西郷隆盛や大久保利通の才能を見出し、重用するなど幕末きっての名君として知られている。明治維新への動きにおいても極めて重要な役割を果たした。

斉彬は曾祖父である第八代藩主島津重豪《しげひで》の影響を受け、蘭学や国学に傾倒し、他藩に先駆けて産業・軍事の西洋化に務めた。反射炉や造船、大砲などを製造する集成館事業などを興し、近代国家の礎を築いたことで高く評価されている。

だが、西洋化を急ぐ時流と、国学・神道的なイデオロギーがあいまって、斉彬は次第に廃仏思想へと舵を切っていく。

斉彬は水戸藩による廃仏毀釈の先例(一章で詳述)に注目した。水戸藩は歴史書『大日本史』の編纂を通じて、儒学を中心に国学や史学、神道などを融合させた水戸学を生み出していた。水戸学の思想は仏教とは相容れず、寛文年間(一六六一~一六七三年)には仏教寺院の破壊に着手している。特に没収した撞鐘《どうしょう》などの金属を使って大砲や小銃などの鋳造に当てるといった実績があったことは、先の章で述べた通りだ。

斉彬はかなりの合理主義者であったようで、こうした水戸藩の手法を取り入れようと考えた。南さつま市坊津町《ぼうのつちょう》にあった興禅寺の撞鐘を取り上げて大砲にしたのが、鹿児島における廃仏の狼煙《のろし》となった。

ところが、一八五八（安政五）年七月、斉彬は鶴丸城での閲兵式の最中に倒れて急死する。この頃、すでに世間では、斉彬の廃仏思想は有名であったようで、以下のような巷説《こうせつ》が流された。

「殿様ハ寺ノ鐘マデモ御取上ゲナサレタカラ、其祟リデ御病気ニナツテ、無クナラレタト云ヒ囃《はや》シマシタ」（『鹿児島県史料　忠義公史料』）

斉彬の没後も廃仏毀釈の機運は衰える事はなかった。その後実権を掌握した久光、そして一二代藩主忠義の代にはより過激さを増していくことになる。

一八六五（慶応元）年になると、いよいよ寺院の廃寺が本格化する。まず、藩内の一般寺院（末寺）が破却の対象になった。このときは島津家の菩提寺は、廃寺対象にはならなかった。

一八六九（明治二）年三月、忠義の夫人の葬儀が神式で実施されたのを機に、島津家は仏教からの離脱を正式に表明する。島津家は歴代の位牌を神式に祀《まつ》り直すと、同年一一月には一乗院・福昌寺・大乗院・感応寺などの島津家ゆかりの寺院が手にかけられていった。

「明治二三年ニ至テ、藩内一掃シテ、一宇《いちう》ノ寺院ナク、一名ノ僧ナキニ至レリ、実ニ古今未曾有ノ快挙ナリ」（『鹿児島県史料　忠義公史料』）

薩摩藩では寺が消滅した後も、石仏や什器の破壊などが断続的に続いた。一八七六（明治九）年に鹿児島県に「信教の自由令」が出されて、ようやく破壊行為は沈静化した。他地域における廃仏毀釈は二、三年くらいで収まっているところが多い。しかし、薩摩藩では一三年以上にわたって、徹底して廃仏が実施された。こうして、藩内寺院一〇六六カ寺すべてが消え、僧侶二九六四人すべてが還俗《げんぞく》させられた。

内訳は、以下の通りである。

【廃寺】
鹿児島城下各町　一一八カ寺
薩摩国各郡郷村　三九〇カ寺
大隅国各郡郷村・諸島　三一八カ寺

日向国諸県郡　二四〇カ寺　――計一〇六六カ寺

【没収された寺社所領石高】

一万五一一八石

【還俗させられた僧侶の身分と総数】

兵員・教員・本人の希望による身分・老年につき養料をもらって生活　二七四四人

還俗後の状況が不明の僧侶　二二〇人　――計二九六四人

偽金づくりの材料として

先の中村明蔵は強調する。

「鹿児島県における廃仏毀釈の主たる目的は、寺院の撞鐘、あるいは仏像、什器などから得られる金属の徴収にあったと考えるのが妥当です。それは軍備充実の必要性と同時に、財政上の理由もあったようです。その証拠に、幕末、薩摩藩は寺院から集めた金属を使って、偽金づくりに関わっていきます」

偽金づくりとはどういうことなのだろうか。

忠義は一八六二（文久二）年、当時支配下にあった琉球の支援を名目に、幕府に琉球通宝の鋳造許可を願い出ている。これにたいし、幕府は琉球と領内にのみ、流通を限定させる条件で、銭貨の鋳造を許可する。条件として、琉球通宝の形状・重さ・裏書きは当時流通していた天保通宝（一〇〇文）と同じにすること、通用は三年を限度とすること、一〇〇万両を限度とすること――などであった。

ところが、薩摩藩は幕府の許可を逆手に取る。実際に琉球通宝が鋳造されたのは一〇万両のみで、残りは密かに天保通宝の偽造に充てられた。薩摩藩はこの偽天保通宝を使って、軍備の拡充を図っていく。この偽天保通宝はやがて藩外に持ち出され、大坂などで流通し始めた。当然、通貨価値は下がる。結果的にインフレを起こし、幕末の社会は混乱をきたした。

確かに、薩摩藩の廃仏毀釈は藩主が国学に傾倒するなどイデオロギーの影響は認められる。だが、第一義的な目的は、寺院が保持する金属の徴収にあったと見てよいだろう。

廃仏毀釈が収まり、一部の寺院が復興し、また浄土真宗が鹿児島県における布教活動に力を入れたことから、現在では数の上では廃仏毀釈以前の寺院数（一〇六六カ寺）の半分近くの水準（四八七カ寺）まで回復してきている。

しかし鹿児島県内では、「古寺巡礼」などという言葉が聞かれることはまず、ない。復興寺院を訪ねても、真新しい鉄筋コンクリート造りの伽藍《がらん》ばかりが目立つからだ。

藩主の菩提寺までが廃寺に

ここから、鹿児島県内の廃仏毀釈の具体的事例をいくつか紹介していこう。

いかに薩摩藩の廃仏毀釈が激しかったか。それは、島津家の菩提寺が今でも廃寺のままで復興していないことからも察することができる。薩摩藩では庶民の小刹《しょうさつ》だけでなく、最終的には殿様の寺まですべて消し去ったのだ。

だから鹿児島の街を歩くと、「〇〇寺跡」という看板があちこちにある。その寺院跡を訪ねてみても、多くは跡形もなく、住宅地などになっている。かつての境内墓地だけがぽつんと残されていることもある。

その象徴的な場所が島津家の菩提寺のひとつ、福昌寺跡である。福昌寺は鹿児島きっての大寺院で、往時は僧侶一五〇〇人を抱えるほどであった。

現在、その跡地は、鹿児島市立玉龍高校になっている。玉龍山は、かつての福昌寺の山号だった。

福昌寺は一三九四（応永元）年に島津家七代当主島津元久によって建立され、手厚い庇

玉龍高校（福昌寺跡）の校舎裏にある島津家歴代の墓地

護を受けた。廃仏毀釈に見舞われる直前、薩摩藩が一八四三（天保一四）年にまとめた『三国名勝図会』（三国は薩摩、大隅、日向）には、七堂伽藍（塔、金堂、講堂、鐘楼、経蔵、僧房、食堂《じきどう》の七つの建物。宗派によって異なる）が揃い、回廊が張り巡らされた福昌寺の、秀麗な姿が描かれている。

一五四九（天文一八）年にはイエズス会の宣教師フランシスコ・ザビエルがたびたび、この寺を訪れている。当時の住職忍室《にんしつ》と交流を深め、宗教討論になった様子も伝えられている。ザビエルは福昌寺の前で、布教を展開し、忍室も黙認したという。先述のように福昌寺は島津家の菩提寺であったため、一八六九（明治二）年、廃仏毀釈の〝総仕上げ〟として廃寺になっている。

現在、当時の面影を伝えるのは玉龍高校の校舎の真裏に位置する島津家墓所のみ。当家六代から二八代までの墓がある。廃仏毀釈を先導した斉彬と久光の墓も見つけることができた。中でもひときわ目立つのが久光の墓所である。久光は藩主にはなっていないが、歴代藩主の墓よりも立派である。墓所の前には鳥居が立っている。それは久光の、仏教との決別の意志の表れかもしれない。

墓所一帯は参拝に訪れる観光客も見られず、静けさに満ちていた。

もともと島津家は熱心な仏教信者であった。事実、島津家の多くは曹洞宗に帰依している。室町時代の守護大名で、戦国時代、勇猛でその名をとどろかせた島津四兄弟（義久、義弘、歳久、家久）の親でもある一五代当主貴久は、「仏を信ぜざる者は我が子孫に非《あら》ず」との家訓を定めているほどである。

ところが、その島津四兄弟ゆかりの菩提寺でさえ、廃寺になっていたのだ。錦江湾に沿って国道一〇号線を走る。右手には雄大な桜島の全景が視界に飛び込んでくる。噴煙を上げる桜島と真正面に対峙するようにあるのが、吉野町の心岳寺跡である。

心岳寺は福昌寺の末寺として、戦国時代に島津義久によって建立され、栄えた。ところが現在では無住の神社、平松神社になっている。この心岳寺跡には、義久の弟の歳久が眠っている。歳久は秀吉の九州征伐に最後まで抵抗し、また、朝鮮出兵にも参加しなかったことなどから「反抗的」とされ、この場所で家臣二七人とともに自害したと伝えられている。

平松神社は戦前までは「鹿児島三大詣り」のひとつに数えられ、「心岳寺詣り」で大いに賑わった。歳久は勇猛果敢な名将であったことから、軍神として崇《あが》められたのである。戦勝祈願のために、平松神社を訪れる者は絶えず、心岳寺詣りのためだけの臨時駅が一九六七（昭和四二）年まで置かれていたという。

現在、平松神社の参道は、日豊本線の線路によって分断された形になっている。遮断機付きの踏切もなく、見通しもよくないのでかなり危険だ。参道は見るからに荒廃している。よほどの歴史ファンでなければ、この線路を横切ることはないのだろう。

この島津家の菩提寺は、廃仏毀釈によって破壊され、その跡に残って先の大戦で繁栄した平松神社も最終的には衰退していくという、二重の忘却を経験したのである。

参道脇に、石造りの大きな金剛力士像が一体立っていた。金剛力士像は「阿形《あぎょう》」と「吽形《うんぎょう》」の二体一対になっているのが通常である。したがって、残り一体は廃仏毀釈時に打ち壊されたか、埋められたままと思われる。現存するほうも、阿形か吽形かも分からぬほど、ダメージを受けている。先にもふれた『三国名勝図会』には、江戸時代の心岳寺の様子が描かれている。山城を思わせるような立派な寺院で、そこにはちゃんと二体そろった金剛力士像が認められる。

境内を調べていると、社殿の裏に歳久の墓所を見つけた。そもそも神社に墓所があること自体、元は寺院であったことを示している。歳久の墓石には大きく「卍」が刻まれていた。

歳久の墓所に寄り添うようにして、殉死した二七士の墓も見つけた。墓石は苔むしていたが、刻まれた戒名が確認できた。多くが「○○禅定門」とある。この戒名は、五重相伝という念仏の教えを生前に受けた者に与えられる浄土宗の戒名だ。当主だけでなく薩摩の武士もまた、かつては篤く仏教に帰依していたのである。

顔面が割られた地蔵（心岳寺跡）

だが、そんな過去を打ち消すように、境内には廃仏毀釈の痛々しい痕跡が残る。社殿の裏には首が刎《は》ねられた観音像が静かに佇《たたず》んでいた。また、心岳寺の屋根に葺《ふ》かれていたと思しき古瓦が境内の隅に散乱していた。中には、焼かれた瓦もあり、廃仏時の様子を生々しく伝えている。

「ちんぐゎら壊されました」

筆者は鹿児島市内から車で一時間の距離にある日置市を訪ねた。

そこはのどかな田園地帯が広がっていた。ムラの片隅に園林寺《おんりんじ》跡があった。園林寺はかつては曹洞宗の古刹で、小松帯刀《たてわき》の菩提寺であった。

小松帯刀は島津久光に重用され、若くして薩摩藩家老になった人物だ。長州征伐、薩長同盟、大政奉還などの際に活躍。明治維新の立役者となったが、三六歳の若さで亡くなった。仮に帯刀がもっと長生きしていれば、明治国家の中枢で活躍したはずだと高く評価されている。しかし、その帯刀をはじめ小松家の歴代墓所がある園林寺もまた、廃仏毀釈で滅んでしまったのである。

園林寺が廃寺になったのは一八六九（明治二）年のこと。伽藍は潰され、本尊の阿弥陀如来像など多数の寺宝が失われた。現在、小松家墓所と、そこに通じる細い参道だけが残っている。

参道脇には首のない石仏や土に埋もれた古い墓が痛々しい姿を見せていた。なかでもぎょっとさせられるのが、参道入り口に置かれた頭部と右腕が欠落している金剛力士像（二七頁に写真）である。

「園林寺の仁王像のように頭や腕だけ取られたのはまだいいほうなのです。鹿児島の石仏の多くは、ちんぐゎら壊されました」

鹿児島県の郷土史家で、当地における数少ない廃仏毀釈の研究者、名越《なごし》護はこう教えてくれた。「ちんぐゎら」とは、薩摩弁で「滅茶苦茶に」「徹底的に」という意味である。

廃仏毀釈の嵐は、隣県の宮崎県でも激しく吹き荒れていた。しかし、名越によると、宮崎の破壊された石仏などには、「ためらいが見られる」という。宮崎における仏像の破壊の状況は、ナイフで切られたような切り口が特徴で、後に復元できるようにソフトに壊したというのである。

確かに、筆者が宮崎の廃仏毀釈を調査した時、仏像の胴体だけは残していたり、首のラインで切り取られてはいるものの、後世になってモルタルで接着されていたりする石仏が多く確認できた。

だが、鹿児島県の場合、木造仏は燃やされ、また、石仏は細かく粉砕されて、山や川などに遺棄された。県内では、近年になっても土木工事や河川の浚渫《しゅんせつ》などの際に、廃仏毀釈時の打ち捨てられた仏像の一部が出てくることがあるという。

小松帯刀の妻が救った阿弥陀仏

小松帯刀の墓所には、親族の方が供えたのだろうか、真新しい花が供えてあった。その横には正室お千賀の墓が寄り添っていた。お千賀は熱心な仏教徒であった。実は、お千賀のおかげで廃仏を免れた仏像があったという。

その舞台が鹿児島市の中心部、易居町《やすいちょう》にある浄土宗の不断光院だ。一五六二（永禄五）年に島津貴久が建立した寺院で、廃仏毀釈後、復興を果たした寺院である。鉄筋コンクリート造りのモダンな寺院だ。

不断光院は江戸時代、城山の東側一帯を占める大寺院であった。城山の斜面に伽藍が立っており、平地部にあった鹿児島城と比べて目立っていたため、薩英戦争の時には鹿児島城本丸と誤認した英国艦隊が砲撃を加え、罹災しているほどの威容だったのである。

不断光院には源信作と言われる木造阿弥陀如来像が鎮座していた。源信は『往生要集』を編纂したことでも知られる、平安時代に活躍した僧侶だ。

お千賀はこの阿弥陀仏をこよなく愛し、足繁く不断光院に通っていたという。懇《ねんご》ろに念仏を称《とな》える日々を送るが、ある時、廃仏毀釈の知らせを密かに受ける。当時、新政府の要職にあった夫、帯刀が先んじて廃仏毀釈の情報を入手し、妻を気遣って、近く廃寺になる旨を耳打ちしたのかもしれない。

お千賀は、当時の住職に「持仏として大切にするから譲ってほしい」と懇願した。そして、密かに小松家別邸の持仏堂に、阿弥陀仏を隠し持っていたという。一八六九（明治二）年、不断光院は廃寺処分となった。

お千賀の阿弥陀如来像は、廃仏毀釈が収まるまで隠し通された。一八八二（明治一五）年になって、日置郡日吉町に新たにできた真宗大谷派の清浄寺に移された。それが現在、清浄寺の本尊として祀られている。お千賀の深い信心が、鹿児島における貴重な一体の仏像を救ったと言える。

不断光院は一八八三（明治一六）年に復興を果たす。だが、太平洋戦争時に再び罹災の憂き目に遭うという苦難の連続を経験した。現在、不断光院の門前には、二体の石造りの不動明王像が立っている。だが、形相も分からぬほどボロボロに風化している。山門をくぐったところにも、そうした石仏がいくつか置かれているが、多くは人為的に破壊された跡が目立つ。

不断光院に伝わるところによれば、石像は廃仏毀釈時に土中に隠匿し、粉砕を免れたものだという。後に地域の農民が掘り出して、販売していたところ、寺が買い戻した。しかしこの石仏や先述の阿弥陀如来像以外の木造仏や什器、建造物などは全て燃やされ、現存しない。

仏教由来の国宝がゼロ

お千賀の阿弥陀仏のように、廃仏毀釈以前の木造の本尊が原形のままに残る事例は鹿児島では極めて珍しい。その数少ない例外が、臨済宗相国寺派の古刹、感応寺（出水市野田）だ。住職の芝原祥三が出迎えてくれた。

感応寺は一一九四（建久五）年、島津家初代当主の忠久が臨済宗の開祖・栄西を招いて開山した。薩摩では最古の禅宗寺院であり、福昌寺と並ぶ島津家の菩提寺だ。初代忠久から五代貞久までの墓が残っている。

芝原によれば、感応寺は一八六九（明治二）年一一月二四日、福昌寺と同様、廃仏毀釈の総仕上げとして、最後の最後に廃寺となった。

だが、幸運にも当時の住職・梅嶺は事前に廃寺にされるという情報を入手できたという。

そこで一五世紀の仏師院隆作の本尊十一面千手観世音菩薩坐像、脇立四天王像のほか、いくつかの仏画などを、大きな甕《かめ》に入れて納戸に隠し、難を逃れたと伝えられている。

梅嶺は還俗させられ、本堂は壊された。境内にあった石仏の首は刎ねられた。しかし、本尊は、梅嶺の機転で守られたのである。もし、本尊を隠していたことがバレていたならば、厳しいお咎《とが》めは免れなかったかもしれない。

感応寺は、本尊が守られたおかげで、廃仏毀釈が終焉したわずか四年後の一八八〇（明治一三）年、復興を遂げることができた。本尊が壊されていれば、寺の復興は実現しなかった可能性は大である。

破壊から逃れた十一面観音像であるが、一九六三（昭和三八）年、県文化財に指定された。同像は一四四五（文安二）年、仏師院隆によって、玉眼嵌入《ぎょくがんかんにゅう》の技法で造られた貴重な仏像である。

江戸時代には県内に一〇〇〇を超える寺院があったわけだから、それが今にきちんと伝わっていれば国宝級、重要文化財級の寺宝は、一〇〇以上は存在したのではないか。だが感応寺の十一面観音像などごく一部を除いて、貴重な文化財の多くが廃仏毀釈によって葬り去られたのである。事実、鹿児島には仏教由来の国宝、国の重要文化財が一つも存在しない。

　文化財の数が極めて少ないため、県の文化財関連予算の規模は小さい。その結果、今尚廃仏毀釈に関する調査・寺院の復元などが進まないという悪循環に陥っているのだ。

お墓参りへの高い意識

　宗教に対する破壊行為が、後世の文化財保存や教育の機会をも失わせた。多くの寺が壊され、信仰が失われたことでどんな影響が出たのか。芝原に尋ねたところ、興味深い事実が浮かび上がってきた。

　感応寺のある旧野田町（二〇〇六年に出水市、高尾野町と合併）は、現在人口四〇〇〇人を数える。四〇〇〇人規模の町だと、全国平均的な寺院数は五カ寺ほどだ。しかし、旧野田町では感応寺を入れて二カ寺しかないという。

　ちなみに、もう一カ寺は浄土真宗の寺だ。もっと言えば、同門である臨済宗の隣の寺までは車で一時間半かかるほど離れているという。県内に臨済宗寺院はわずか五カ寺だ。

　鹿児島県では廃仏毀釈後、再建できたのはごく一部。残りの寺の多くは廃仏毀釈後に、新たに進出してきた浄土真宗系の寺院である。つまり、先祖から檀家として守ってきた寺が失われたままになっているのだ。

感応寺の境内墓地を見て回った時、印象的な光景を目にした。訪れたのは寺においては閑散期にあたる平日であった。しかし、どの墓にも鮮やかな花が供えてあった。萎《しお》れた花が見当たらなかったので一見、造花ではと思ったほどだが、全て生花だった。墓の周りも奇麗に掃き清められている。墓地を見る限りは、鹿児島県人は仏教に篤い県民性のように思える。事実、鹿児島県は一世帯当たりの切り花の消費量が日本一（年間一万二八一九円、総務省「家計調査」、二〇一一年）である。また一〇万人あたりの生花店の数も鹿児島が全国一位（二六店）だ。

これは先祖に対する思いが、ひと際強い県民性を表していると言えるだろう。鹿児島県人は、寺との関わりは薄いが、お墓参りへの意識がとても高いのが特徴なのだ。芝原はつぶやく。

「『寺がなくても墓参りができればいい』ということなのかも知れませんね。僧侶の立場としては辛いものがあります」

鹿児島市内を歩けば、広大な市営墓地がいくつも見つかる。また、数十基規模の墓地が住宅街の中に不自然に存在するケースもある。これは、廃仏毀釈後、寺を失った墓地が、市民墓地として再編されたり、そのまま墓地だけが残されたりしているからだ。

寺と墓が切り離されているのが、鹿児島の特徴だ。

現在、少子高齢化、過疎化によって全国的に寺院の無住化が進行中だ。寺が消滅すれば、残された墓地はムラ人が管理することになる。鹿児島の寺檀関係をみると、まるで日本の仏教寺院の未来を先取りしているように思えてならない。

郷中教育の弊害

ここまで鹿児島における廃仏毀釈の事例を紹介してきたが、大きな疑問が残る。なぜ、鹿児島の人々は廃仏毀釈に抗《あらが》わず、徹底的に寺院が壊されたのだろうと。

先にも登場した、鹿児島国際大学名誉教授の中村明蔵は、そこには薩摩藩独特の権力構造があったからではないかと指摘する。

鹿児島は伝統的に中世から武士が多かった。明治初期の鹿児島における武士率は二六・四％であり、全国平均の五・七％を大きく上回っている。そこで戦国時代、島津家は「外城《とじょう》制度」という支配構造を構築していく。

外城制度とは、島津家の居城である内城に対して、武士を効率良く配置するため、領内を区分し、その拠点として外城を数多く設けるというものだ。一八世紀半ばには、一一三の外城が完成している。これは、ほぼ「一村一城」の構造であった。武士は半農半兵のような状態で地域に溶け込み、監視の目を光らせた。そのため、鹿児島ではいわゆる檀家制度がほとんど機能していない。村ごとに寺はあるにはあった。だが、地域に入り込んだ武士の権限が大きく、寺檀関係は極めて脆弱であった。

言い換えれば、鹿児島における寺院は、「おらが村の寺」ではなかったわけである。廃仏毀釈時、檀家や民衆が寺を守る意思が見られず、無批判に寺院を廃寺に追い込んだ背景に、この外城制度は無視できない。

同時に、「郷中《ごじゅう》教育」という薩摩独自の教育法が廃仏毀釈に拍車をかけたとの見方もある。郷中教育とは地域ごとに先輩が後輩を指導する武家教育のシステムである。厳格な上下関係のもとで武芸、道徳などの教育が行われ、西郷隆盛や大久保利通は郷中教育で鍛え上げられたおかげで大成したとの評価もある。

しかし、郷中教育が広がったこともあって、鹿児島では大衆向けの寺子屋や私塾の数が、他の地方に比べて極めて少なかった。

明治初期までに寺子屋は全国で一万五〇〇〇カ所ほど存在しており、例えば幕末、薩摩藩と並んで近代国家を推し進めた長州藩（山口県）では、一三〇四の寺子屋と、一〇六の私塾が存在していた。これは熊本、長野とともに全国トップ3に入る。一方で、鹿児島の場合は寺子屋が一九、私塾が一（『日本教育史資料』）だった。

中村は指摘する。

「いざ廃仏毀釈になって、武士が寺院の破壊を始めた時も、多くの人々は抗うなんてことはなかった。『上からの命令だから』ということで、権力に従順に従い、破壊に加担していったのです」

寺子屋が少なかったことは廃仏毀釈だけでなく、その後の鹿児島の教育のあり方にも大きな影を落としている。

一八七二（明治五）年、明治政府は学制を定め、全国に小学校を整備していく。これは、別章でも記述していくが、神仏分離政策によって寺院本堂や庫裏《くり》が学校に転用されるケースが少なからずあった。つまり、近代の学制は寺子屋の流れを踏襲しているのだ。

教育学者の海原徹は一八七四（明治七）年の『文部省第二年報』より、全国の就学率を弾き出している。それによれば就学率の全国平均は三二・三％。東京では五七・八％の就学率があった。ところが鹿児島は七・一％と全国ワースト1である。そもそも寺子屋の少ない鹿児島では、近代学校教育でも全国的に遅れをとることになったのである。

長州の廃仏政策

最後に、参考までに薩摩と並んで明治維新を牽引した長州の廃仏毀釈はどうだったのか、を見ていこう。

長州藩は薩摩藩に比べれば廃仏毀釈の程度はかなりマシだった。そこで実施されたのは、破壊ではなく、明治政府が意図した大々的な寺院整理であったといえる。

長州藩の廃仏毀釈は、一八六三（文久三）年に起きたアメリカ・イギリス・フランス・オランダとの下関戦争がきっかけとされる。下関戦争によって藩内では尊王攘夷運動が巻き起こり、神道イデオロギー興隆の機運が高まっていった。

一八六四（元治元）年、長州藩は全国に先んじて、神社における「権現号」などの廃止を命じている。また、同年、火葬も仏教的であるとのことから廃止になっている。長州藩における廃仏毀釈は明治に入っても断続的に続き、一八七四（明治七）年まで継続したとされている。結果的に四二四カ寺が廃寺処分となったが、鹿児島の半分にも達しない。しかも、これはあくまでも政策上の廃寺処分であり、寺院の焼き討ちなど民衆による暴動の記録はほとんどない。

山口県内にわずかに残る破壊の痕跡が、高杉晋作によって組織された奇兵隊と廃仏毀釈との関連遺構である。奇兵隊には神官一四七人が入隊したという記録もある。

山口県下関市吉田にある浄土宗の法専寺境内に、奇兵隊員によって斬られた六地蔵が残る。この地は高杉晋作が率いる奇兵隊の訓練場となっていた場所であり、法専寺は隊員の駐屯地であった。境内には隊員の墓がある。また、高杉晋作の墓所も法専寺のすぐ近くの東行庵にある。法専寺の六地蔵は、一刀のもとに首を落とされたり、中には胴体を真っ二つに切り落とされたりしていた。寺の高札にはこう書かれている。

「この地蔵は、幕末の頃合宿していた奇兵隊の猛者が、廃仏思想にかられ、首を斬ったので『首切り地蔵』と呼ばれている」

当時、奇兵隊員らの気持ちの高揚があったのか、仏教にたいする憎悪を込めたのかはわからない。

先に述べたように、長州藩では薩摩藩で見られたような武家による郷中教育はなかった。寺子屋と私塾の数は合わせて一四一〇もあり、全国でも群を抜く多さであった。それだけ、庶民が地域の寺院と関わりが深かったことをうかがわせる。結果的に長州藩の場合、薩摩藩のように大衆も加わった熱狂的な破壊行為には発展しなかったとの見方が有力である。

　幕末維新時、政治的には薩摩藩とともに幕府と戦い、ともに新政府の要に位置した長州藩。しかし、廃仏毀釈に限ってみれば、その内実は対照的であった。

第三章　忖度による廃仏

――宮崎

大藩の圧力の下で

宮崎は、かつての行政区分でいえば日向国にあたる。あちこちに神社はあれど、仏教寺院を見つけることは困難だ。それは地政学的にみれば、廃仏毀釈の嵐が吹き荒れた薩摩藩の影響下にあった隣県であることが大きい。なおかつ江戸時代の行政上の区割は、多くの小藩が分立していたため、宮崎の各藩は、強大な島津家薩摩藩の方針を「忖度《そんたく》」して、自ら廃仏毀釈に手を染めていった側面がある。その結果、薩摩に比肩するほどの寺院の破壊が行われた。

現在、宮崎県の寺院数はわずか三四四カ寺（『宗教年鑑　平成二九年版』）である。これは江戸時代まで琉球王朝であった沖縄を除けば、全国でもっとも寺院が少ない地域である。つまり、鹿児島以上に寺院が復興されておらず、ここ宮崎では仏教の空白期間が一五〇年間も続いているのである。

薩摩と同様、宮崎においても廃仏毀釈の全容を摑めるような史料は極めて少ない。だが、国富町の天台宗法華嶽寺に、廃仏毀釈に立ち会った当時の住職門光が、後世、県に提出した始末書が残っていた。法華嶽寺は宮崎県にありながら島津家の支配地域であった。これは、宮崎における廃仏毀釈の様子を伝える、数少ない資料のひとつである。

「始末書の事
　右、法華嶽寺は、薬師如来を祭れる処にして、養老二年八月八日の創立に成り、爾《じ》来《らい》幾多の星霜を経て、明治初年に至り、薩摩廃寺の達しを受け、藩庁より役人出張命を伝えて仏堂を焼却せん事を求む。
　突然の事にて、驚愕を成す処を知らざりしも藩命を止む事を得ず、此を承諾し、即時焼却の支度を成す旨を告げ、役人を拙宅に待たせ置き蜜《ママ》に如来の木造及び十二神将、不動尊、観世音菩薩を近傍の山中に隠し、本尊薬師如来、仏像を柩に蔵《きす》め、蓋を成し、役人立ち会い此を地中に埋め、事済みたり。その時、伝教大師の作に成る仁王の木造二体を焼失したり。然るに不都合とは知りながら、尚、他を憚《はばか》り、今の山王神社を薬師殿の傍らに奉置し、明細帳、宝物等総《すべ》て右神社の名義にて、取計ひ居り申し候。
　事実右の通りに有之候間《これありそうろうあいだ》此段如来書を以て申上候成。
　東諸県郡八代村字深年弐百四捨五番戸　士族　福島甚六　印
明治二十六年四月二十六日」

当山の四一世住職にあたる福嶋龍法の話と併せて、解説したい。

一八六八（明治元）年のある日、藩の役人が廃寺の命令を下しに寺にやってきた。とっさに機転をきかせた住職は、廃仏を承諾すると見せかけ、役人を待たせた状態で、密《ひそ》かに十二神将や観音菩薩など一部の仏像を裏山に埋めて隠した。本尊の薬師如来は柩に入れた上で土中に埋めた。大切な寺宝の中には、法華経六〇〇巻もあったが、こちらも隠匿した。だが、寺宝のおおかたは本堂もろとも焼かれてしまった。当時五〇人ほどいた僧侶は皆、還俗《げんぞく》し、山を下ろされたという。

門光も還俗を命じられ、先の始末書にある通り、甚六との俗名を名乗り、士族になった。その後は神官をしながら、焼け野原になった寺院跡にひとりで残ったという。収入もなく、門光は自給自足で生活を続けた。隠した薬師如来は、廃仏毀釈のほとぼりが冷めた頃に掘り起こし、ささやかな祠《ほこら》を建てて祀《まつ》り直した――。

聞けば聞くほど、あわれな話である。

法華嶽寺は、かつては名刹《めいさつ》中の名刹であった。海抜二八〇メートルにある境内からは宮崎平野が一望できる。天気のよい日や雨上がりには、宮崎平野の向こうに白い波しぶきを上げる日向灘が広がり、それはあたかも神の降臨を見るかのようだという。

法華嶽寺は伝教大師最澄が唐から帰国し、九州を訪れた折にこの地に留まり、自ら薬師如来を彫刻、安置したという寺だ。中世は薩摩藩主島津家が、祈願寺（武運長久などを祈るための寺）として名を馳《は》せ、越後の米山薬師、三河の宝来寺薬師と並んで「日本三大薬師」に数えられた。

江戸時代の『三国名勝図会』には、名刹に相応《ふさわ》しい壮麗さを湛《たた》えた姿が描かれている。黒い山門があり、その先に町屋二〇軒が立ち並んでいる。さらにその先に赤門があり、門から三〇間（約五四メートル）に及ぶ回廊が延び、最奥部に本堂がある。かつては仏殿、拝殿、客殿、天井、戸板、壁に至るまで金箔が施され、それらが朝陽に照らされ、さながら京都の金閣寺のように黄金に輝く寺院であったという。

幕末の歴史が好きな人にもあまり知られていない史実が、この寺にはある。薩摩藩から日向送りを命じられた西郷隆盛と僧月照が一八五八（安政五）年、錦江湾に身投げし、西郷だけが助かったエピソードは有名だ。この日向送りで、二人が預けられる予定であった寺がここ法華嶽寺だったのである。

日本三大薬師にも数えられ、歴史の舞台にもなってきた法華嶽寺。ところが今では、その山寺に参拝客の姿はほとんど見られず、しんと静まり返っている。

普段は地元で教師をしているという現住職の福嶋が寺の歴史を語る。

「江戸時代、（法華嶽寺の眼下に広がる）国富町の中心部は天領（幕府直轄領）でした。そのため廃仏毀釈を免れた寺院が多いのです。しかし、法華嶽寺のあるこの場所は島津家が支配していた薩摩領で、島津家の祈願寺でもあったために徹底的に壊されました。しかも、祈願寺だったので、伝統的に檀家がおりません。今でも檀家はゼロです。廃仏毀釈で壊滅状態になり、その影響は今でも続いています」

福嶋の話を少し補足する。江戸時代の寺は庶民のための檀家寺（墓を持つ）がほとんどであった。他には法華嶽寺のように為政者のための祈禱をメインにする祈願寺や、天皇家ゆかりの門跡寺院などがあった。廃仏毀釈後、地域住民で経済的に支えることのできた檀家寺は比較的、容易に復興できた。それに対し、大名や公家などの後ろ盾に支えられ、檀家を抱えてこなかった祈願寺や門跡寺院は、その庇護を失った瞬間、破綻を迎えてしまう。

法華嶽寺はかろうじて再建できたものの、生活は困窮を極めた。それでも福嶋の代までなんとか維持してきたという。昭和四〇年代ごろまではバラック小屋のような本堂であった。宮崎市の浄土真宗本願寺派長昌寺の前住職の佐伯《さえき》恵達《えたつ》が記した『廃仏毀釈百年　虐げられた仏たち』（鉱脈社）には、「法華嶽寺は、現在修復されているとはいっても、往年の規模からすれば、その十分の一にも及ばない」とある。

土中に隠された仏像の傷みは激しく、十二神将のうち現在に伝わるのは五体だけだという。これらは一九八九（平成元）年になって修復を済ませた。二〇一五（平成二七）年、法華嶽寺から五キロほど離れた綾町の住宅地で法華嶽寺と銘が書かれた石板が見つかり、人々を驚かせた。恐らく廃仏毀釈時に隠した寺宝の一部と思われる。

福嶋は言う。

「突然の廃仏毀釈の命令に、当時の門光和尚は戸惑い、そしてためらいながらも土中に埋めざるを得なかったのではないでしょうか。隠されたまま見つかっていない寺宝は、まだまだあるのではないかと思います。私は廃仏毀釈以前の法華嶽寺の歴史と残された寺宝を後世に伝えるため、四年前に寺の中に資料館を作りました。しかし、往時の法華嶽寺の姿を取り戻せてはいません。寺として経営は成り立っておらず、私の教師の稼ぎでどうにか寺を守れている状態です。しかし、廃仏毀釈から命がけで仏様を守った門光和尚や、その後、苦労して寺を継承してきた住職の存在を思えば、寺を投げ出す訳にはいかないのです」

無風状態だった天領地域

法華嶽寺は薩摩藩の支配地であったために、廃寺命令が下った。一方で同じ国富町にありながら、中心部（本庄地区）は江戸時代、幕府直轄の地である天領であった。そのため島津家の影響を受けなかった。わずかな立地の差で明暗が分かれたのである。

例えば、浄土宗義門寺《ぎもんじ》は天領に位置していたため、廃寺にならずに済んだ寺だ。豊臣秀吉の九州征伐の際に、弟の秀長が本陣を置いたことでも知られる。現在も江戸時代以前の建築と思われる古い本堂が残っている。先の法華嶽寺とは対照的に、境内は明るく整然とし、荒れた様子が一切ない。廃仏毀釈に関することは、これまでほとんど聞いたことがないと義門寺住職は話す。同じ町内で法難に遭っている法華嶽寺のケースとでは随分、対照的だ。

ここで宮崎における、廃仏毀釈の背景を、政治構造とともに解説しよう。

日向国、宮崎における廃仏毀釈の構図は、隣の薩摩藩とは似て非なるものである。

江戸時代、日向は小藩がいくつも分立していた。薩摩藩が島津家の牛耳る雄藩だったのとは対照的な権力構造であった。これは一五八七（天正一五）年の豊臣秀吉の九州征伐の論功行賞において、功績のあった大名たちに日向の地が分け与えられたからである。

したがって、宮崎における廃仏毀釈の形態は、藩によって若干異なっている。しかしながら基本的には、隣の薩摩藩の強大な力を意識しつつ、小藩の為政者たちが保身に回った結果、多くの寺院が破壊されるという構図であった。

大分に接していたのが延岡藩、熊本に接する西部では人吉藩、日向灘に面する東側には高鍋藩、佐土原藩、飫肥《おび》藩がせめぎ合い、鹿児島に接する南部は薩摩藩が支配していた。そこに天領がいくつも挟まっているというような複雑な領地割であった。特に薩摩に近い高鍋、佐土原《さどわら》、飫肥ではほとんどの寺院が消滅した。

宮崎市内で数少ない寺院のひとつ、臨済宗妙心寺派泰翁寺《たいおうじ》の住職、津房義道はこう明かす。

「宮崎における臨済宗妙心寺派は住職がいる寺院はわずか二カ寺のみ。それは廃仏毀釈で悉《ことごと》く廃寺になり、復興を果たしていないからです。わが泰翁寺は薩摩の島津家ゆかりの寺院で、江戸時代は七堂伽藍が揃った大寺院でした。ですが、廃仏毀釈の折に火を放たれ、三日三晩に渡って燃えたそうです。大正時代末期になって、ようやく復興できましたが、むしろそれは幸運なケースだったと言えるでしょう」

津房が言うように、宮崎では廃仏毀釈でほとんどの寺院が消えてなくなった。『廃仏毀釈百年　虐げられた仏たち』の中では、「廃仏毀釈の焰火のいけにえとなった県内の寺院は、総数六百五十ヶ寺以上に及び、支坊支院などを入れるとゆうに一千ヶ寺をこえたと思われる」と述べられている。

徹底抗戦で寺を守った住職

筆者は藩ごとに廃仏毀釈の様子を調査して回った。以下、特徴的な廃寺の事例と背景を紹介していこう。

一三九四（応永元）年に開山した古刹、浄土宗円福寺（高鍋町）はひとりの僧侶の抵抗によって、廃寺を免れた。高鍋藩では激しい廃仏毀釈運動が展開され、藩内八七カ寺のうち七四カ寺が廃寺処分になっている。このほとんどが再興を果たしていない。今でも、山林や藪の中に廃寺跡があり、墓石がゴロゴロと転がっている。

廃寺命令を毅然とした態度で拒んだのは、当時の二八代目住職関代だった。現住職の多賀学昭によれば、寺に暴徒が迫ってきた時、関代は門前に立ちはだかって、中に入れようとはしなかったという。そして、こう叫んだ。

顔をすべて削がれた伊満福寺の六地蔵塔

「寺を焼くなら、私を焼け」

　押し問答の末、暴徒は本堂に掲げてあった十六羅漢が彫られた欄間を外し、それだけを燃やして去っていったという。討手もお上からの命令でやって来ている以上は、形式的にでも寺の一部は壊していかねばならなかったのだ。現在、円福寺の山門脇には、関代の勇気ある行動を讃え、後世に語り継ぐために石像が立てられている。

　しかし、一歩間違えば、殺されかねない行動であった。実際、宮崎県内では廃仏毀釈に抵抗した僧侶が殺害されるという事態も起きている。宮崎市古城町の伊《い》満《ま》福寺《ふくじ》では一八七〇（明治三）年、寺に乱入し、破壊行為に及んだ役人に対して、住僧が抵抗。すると、役人は僧侶を崖から蹴り落としたという。同時に、寺に伝わる弘法大師像も一緒に崖下に投下された。村人は火の粉を浴びるのを恐れて、この様子を傍観するしかなかったという。結局、伊満福寺は廃寺になった。

伊満福寺は一八八四（明治一七）年に復興を果たすが、現在は無住寺院となっている。筆者は伊満福寺を訪れたが、当時からある六地蔵塔に彫られた地蔵の顔面はことごとく打ち壊され、当時の破壊の凄まじさを伝えていた。

藩校の光と影

高鍋史友会前会長で郷土史家の飛田博温は、高鍋藩の廃仏毀釈が拡大した背景について、「藩校・明倫堂の存在を忘れてはならない」と語る。

藩校とは各藩に仕えた武士を教育するための学校だ。そこで学んだ武士たちは明治維新の原動力となった。藩校はプラスのイメージがある反面、廃仏毀釈を推進させた負の側面も持っていたのである。

藩校は、岡山藩主の池田光政が一六六九（寛文九）年に設置した岡山学校が最初と言われる。他にも米沢の興譲館、水戸の弘道館、長州の明倫館、薩摩の造士館などが有名だ。江戸時代には全国に三〇〇校もの藩校ができていく。藩校は武士道教育の他に朱子学、国学、儒学などを授ける場になり、廃仏毀釈へと繋がるイデオロギーを植え付ける場にもなった。

高鍋藩の明倫堂もそうした藩校のひとつであった。明倫堂は上杉鷹山《ようざん》の兄で七代藩主秋月種茂が設立した。種茂は教育熱心で、明倫堂では藩士の子弟以外にも農民に学ばせる機会を与えたという。明倫堂は行習館という小学校と、著察斎という大学の二部門から構成されている。幕末には医学などを教科に加え、学舎を拡大し、学寮も設置していく。

明倫堂教育は確かに藩内の教育水準の底上げにつながり、その人材は明治以降の新しい国づくりに大いに貢献した。その一方で、国学思想の植え付けにより、明倫堂出身者が後の廃仏運動を牽引していった側面も無視できない。

これは、全国の藩校と廃仏毀釈の関連性を見ても、同様のことがうかがえる。有力な藩校があった地域では、激しい廃仏運動が展開されていく傾向にあったのである。

高鍋藩の最後の藩主になった秋月種殷《たねとみ》もまた、藩校教育を熱心に推進した人物であった。ちなみに弟種樹《たねたつ》は幕府の若年寄まで務め、その後は明治新政府参与の立場で神仏分離政策を推し進めた。

種殷は一八六八（明治元）年、廃仏毀釈の手始めとして歴代藩主の菩提寺であった大龍寺、安養寺、龍雲寺の三寺に火を放つ。寺宝のほとんどが灰と化した。しかし、安養寺の仏像だけは密かに檀家が運び出したという。続いて城下の一般寺院も次々と破壊されていった。その後、ムラの農業用の水路などに転がっていた仏像を持ち帰った者もいたという話も残っている。飛田によれば、舞鶴城下の元士族の流れをくむ人々は、今でも多くが仏教に帰依せず、神社の氏子になっているという。

同じ宗派の寺を〝合併〟

次に、高鍋藩と薩摩藩に挟まれた佐土原藩の廃仏毀釈を見ていこう。

佐土原藩の廃仏毀釈は全国的にも珍しい形態を取った。原則一つの宗派につき、一寺だけ存続させるという〝妥協案〟が採用された地域なのだ。当時、佐土原藩では超宗派で構成する仏教会が存在し、藩の要人らと定期的に会議を開いていたという。

廃仏毀釈の機運が高まる中、仏教会は藩内寺院と檀家の意見をまとめ上げ、一八七一(明治四)年六月二五日に以下のような願書を民部省に提出している。

「一宗一ケ寺宛《あて》相残シ合併ヲ申付ケ置候寺院廃止ノ儀ニ付、藩内ノ檀家一同イササカノ故障モコレ無ク候。スベテ廃止仕リタク、此段伺イ奉リ候」

その結果、藩内一三一カ寺が整理され、それぞれの宗派の有力寺院八カ寺が残ることとなった。存続寺院の宗派と寺院名は以下の通りである。

真言宗　三九カ寺のうち黒貫寺が存続
曹洞宗　三二カ寺のうち大安寺が存続
臨済宗　二六カ寺のうち大光寺が存続
浄土宗　一八カ寺のうち高月院が存続
浄土真宗　四カ寺のうち崇称寺・蓮光寺が存続
時宗　六カ寺のうち光照寺が存続
日蓮宗　三カ寺のうち吉祥寺が存続

そのほかに、黄檗《おうばく》宗の城山寺があったが、当時無住であったがために廃寺になった。また、修験道は神仏分離が不可能だとして廃絶となった。

願書によると、なぜか浄土真宗だけが二寺残っている。その理由は不明だが、当時の蓮光寺の坊守（住職の妻）が佐土原藩家老の娘であったことで、特別に蓮光寺が廃寺を免れたのではないかという説がある。

蓮光寺の住職岩切正司によれば、存続した寺院は「肥大化」したという。廃寺対象になった檀家と寺宝、住職を一手に引き受けたからだ。

蓮光寺は、地域の村で唯一の存続寺院（親寺）になり、他宗の檀家も吸収することになった。また廃寺になった別の寺院の住職を、蓮光寺の住職代理として雇い入れた。岩切は説明する。

「当時としてはこの方法しかなかったのでしょう。仏教会側が藩主に存続案を提示しなければ、一カ寺も残らず廃寺になっていたのでは。うちの寺では他宗の檀家さんを受け入れましたが、その後は自然に馴染みました。当時は存続寺院が、かなりの数の寺院を吸収した訳ですから、親寺になった寺はその後、繁栄したところが多い。正直、蓮光寺も廃仏毀釈によって規模が拡大しました」

佐土原藩主島津家の菩提寺、浄土宗の高月院も然りである。その後、復興を果たした二カ寺を除く藩内浄土宗寺院一五カ寺の檀家は、高月院の檀家として吸収された。現住職の草場孝典によれば、吸収された寺院の過去帳や記録などは燃やされ、調べようがないという。佐土原町には「極楽寺」「平等寺」などの小字が残っている。それらはいずれも廃寺の痕跡である。地名だけが、廃仏毀釈前の寺院の存在を示している。

「西の高野」も廃寺に

日南海岸の断崖を降りていくと、大きな洞窟がぽっかりと空いている。そこに極彩色の社殿が所狭しと鎮座している。世にも珍しい岩窟の中の神社、鵜戸《うど》神宮だ。かつての行政区は薩摩藩に隣接する飫肥《おび》藩である。

鵜戸神宮は明治新政府によって定められた近代社格制度では、官幣大社に位置付けられている。これは伊勢の神宮を除けば、全国の神社の中でも序列はトップである。神話によれば、山幸彦と結ばれた豊玉姫が御子を出産したのがこの地であることから、縁結びの神様、安産の神様として特に女性の参拝客が絶えない。昭和四〇年代には、新婚旅行の定番地ともなった。

一見、仏教とは接点がないように思える鵜戸神宮だが、その実、元は鵜戸山仁王《にんのう》護国寺という寺禄五〇〇石の大寺院だった。

『日向地誌』（青潮社）によれば、創建は延暦年間（七八二〜八〇六年）。時の桓武天皇の勅願寺として、本堂、僧堂などを設けたのが最初である。第九代目住職までは天台宗寺院で、その後は門跡寺院（皇族ゆかりの寺院）として栄えた。伊東家が日南を治めるようになってからは伊東家の祈願寺として、隆盛を誇った。

江戸時代には真言宗寺院となり、歴代住職は京都の御室仁和寺から派遣された。仁王護国寺境内には習合していた神社、鵜戸六所大権現があり、仁王護国寺の住職が別当となって管理したという。仁王護国寺は真言密教と神道とが融合した両部《りょうぶ》神道の大道場として広く知られ、「西の高野」とも呼ばれるほどであった。

しかし、一八六八（慶応四）年、神仏分離令が出され、別当や権現号などが廃止になると、仁王護国寺に廃寺命令が下る。そして鵜戸六所大権現を神社として独立させることになった。当時、この地を支配していたのは飫肥藩主伊東家。仁王護国寺は飫肥藩と隣の薩摩藩との勢力がせめぎ合う場所に位置していたことが、廃仏毀釈を免れなかった大きな要因である。

飫肥藩は戦国時代より隣接する薩摩藩と抗争を繰り返してきた。一六世紀から明治初期までは安定的に伊東家の支配が続いていたが、幕末時は新政府につくか幕府につくかで大いに揺れたという。薩摩藩が新政府の中心でイニシアチブを取り始め、幕府の力が衰え始めると、飫肥藩は薩摩藩に対して恭順の意を示すようになる。結果、廃仏毀釈も積極的に実施していったのだ。

日南市教育委員会生涯学習課課長岡本武憲は言う。

「飫肥藩では国学思想に基づく廃仏毀釈という要素はあまり認められません。むしろ小藩らしく、当時の時流や権力構図をつぶさに観察し、幕府、新政府の両方に布石を打ちつつ、最後は生き残りをかけた打算の産物として、廃仏毀釈に舵を切っていったのです。

隣の鹿児島では、先輩の言うことは絶対であるという『郷中教育』があり、これが廃仏毀釈に拍車をかけました。一方、宮崎では『忖度』によって廃仏毀釈が進められていく。宮崎は温暖で、飢饉も少なかったので仏教にすがる、来世に期待するなどということがあまりなかった土地柄でもあります。人々は、何が何でも寺を守る、という意思を示さなかったのでしょう」

廃仏毀釈によって、仁王護国寺本堂は神職の住居となり、庫裏は社務所になった。経典や書物、什物は焼かれてしまったために、廃仏毀釈以前の様子をうかがい知ることは困難である。鵜戸山一帯には一二の塔頭《たっちゅう》寺院（本山クラスの大寺院に付属する寺院）が存在したが、一八七二（明治五）年までにすべて破却処分になった。

仁王護国寺の塔頭のひとつ、不動院出身の安藤蓁は一八七四（明治七）年に鵜戸神宮と

鵜戸神宮近くの墓地跡。地蔵の首がない

改称された折に、神職に転じてもらえないかとの依頼があったが、「俺は僧侶の子だ」と述べて拒んだとの逸話が残っている。

現在、鵜戸神宮の観光ルートを歩いても、仁王護国寺の痕跡を見ることはできない。

筆者は神宮の山門から神域の入り口である吹毛《ふけ》井《い》の港をつなぐ昔の参拝路である八丁坂の石段を歩いた。石段は上りが四三八段、下りが三七七段である。八丁（八〇〇メートル）の長さがあり、観光客の多くはこの山道を使わず、トンネルを抜ける平坦なルートを使う。石段の中央は窪んでいる。古《いにしえ》より、数多の参拝客がこの石段を使ってきた信仰の証である。山頂にたどり着けば、日向灘の真っ青な海と空とが一体となった景色が眼下に広がっている。

そこで荒廃した古い墓地跡を見つけた。首の刎ねられた地蔵も多く、土中に埋もれた墓もある。ほとんどが江戸時代以前の古い墓である。仁王護国寺を開いた快久の五輪塔形式の墓も確認できた。しかし、墓に付属している三つの地蔵の首はいずれも切り落とされていた。

墓地には第三〇代以降の歴代別当の墓も残っていた。多くは朽ち果てる寸前のような状態である。この別当墓地は現在、日南市の管理下にあり、鵜戸神宮の所有ではない。毎年、神式と仏式の両方を取り入れた合同慰霊祭を実施しているという。まず、神職が祝詞《のりと》を上げ、その後、僧侶が読経をする。この合同慰霊祭の形態を見ても、鵜戸神宮がかつては神仏習合していたことがわかる。

葬式の半分は神葬祭

鵜戸神宮の禰宜《ねぎ》、伊東健治に話を聞けば、僧坊の跡地は鵜戸神宮の所有ではないという。僧坊跡地は、廃仏毀釈後、還俗した多くの僧侶や寺族（僧侶と血縁にある親族）に分け与えられた。中には鵜戸山に留まり、土産店を始める者も現われた。

鵜戸神宮の名物に「おちちあめ」がある。豊玉姫の出産にちなんだ菓子だが、もともとは廃仏毀釈で還俗した僧侶が生計を立てるため、別当墓地の隅で飴を売り始めたのが最初だという。鵜戸神宮の近辺にある宿屋も、元は還俗僧が始めたものだ。

伊東はこんなエピソードを明かしてくれた。二〇年ほど前のことだ。伊東はある個人から連絡を受けた。男性は、「金襴《きんらん》の菊の御紋が入った袈裟《けさ》を所有している。仁王護国寺のものだから、鵜戸神宮に買い取ってほしい」という。当時、似たような問い合わせが複数あった。恐らく還俗した時に所持していた袈裟が、個人宅の簞笥の中に眠っており、後世になって寺族が連絡をしてきたものだと思われる。かつては、別当という立場で神社を支配していた仏教側だが、明治維新というエポックで、立場は逆転したのだ。

伊東は言う。

「神職の中にも、『神仏分離してよかった』『寺から神社を取り戻した』、などという声は今でもちらほら聞かれます。確かに江戸時代は檀家制度の下、ムラの住民は宗旨人別改帳で管理され、寺に苦しめられたという人もいて、それが恨みとなって過激な廃仏毀釈に繋がったという見方もあります。しかし、鵜戸神宮ではその一二五〇年間の歴史のうち一一〇〇年間は神仏一緒に繁栄した時代でした。神社単体になっているのはその後わずか一五〇年のことです。ですから、鵜戸神宮では明治以降の神主と同様に、それ以前の別当の御霊も差別なく、きちんと祀《まつ》っています」

宮崎の徹底した仏教弾圧は、当地における葬式の形態も変えた。筆者は宮崎県内を取材中、しばしば葬式を知らせる道案内の看板を目にしたが、そこには「神道式」と明記されていた。

伊東によれば、ここ日南市を中心に宮崎県南部地方の葬式の約半分が神葬祭形式で実施されるという。宮崎ではそもそも寺がほとんど存在しないので、現在でも神式で葬式をすることが定着しているのだ。火葬場での骨上げや納骨も神職が立ち会う。神道では死は穢《けが》れであり、神主が儀式で死体に直接触れることはまずない。だが、宮崎の習俗では神職が、まさに揺りかごから墓場まで面倒を見ているのである。

「葬式の直後に、社殿に上がることは（タブーとされているので）ないですが、宮崎の神葬祭では多くは仏式を踏襲しているのが特徴です。神道では、仏教の年忌法要にあたる式年祭を、一年祭、三年祭と実施し、その後は五の倍数の年でやるのが一般的です。しかし、宮崎では三年祭以降は仏式と同じ七年祭（七回忌）、十三年祭、十七年祭……と続き、そして、五十年祭を機に御霊上げ（弔い上げ）となります」

通常は寺院でやってきた葬送儀礼が、宮崎では神社に置き換えられているのである。

先に紹介した宮崎市の泰翁寺の住職、津房義道はこんなことを教えてくれた。

「宮崎では常に神が上で、仏が下という考え方があるように感じます。例えば大晦日。檀家さんたちは深夜一二時を回ってから、寺にぞろぞろと集まりだし、除夜の鐘を鳴らす。皆さん、寺に来る前には神社で初詣を済ませているのです。初詣の後に、除夜の鐘なんです。何でも神社が優先だということでしょう。宮崎では、『お寺で葬式をすると金がかかる。神道式のほうが安い』ということをよく耳にします。実際は葬式の金額にさほど差はないと思うのですが、寺に対して一線を引いている証拠でしょう」

第四章　新政府への必死のアピール　――松本、苗木

藩主の暴走

ひとりのリーダーの決定によって、廃仏毀釈へと舵《かじ》が切られたケースも少なくない。

長野県松本市は鹿児島や高知、水戸などと並んで、激烈な廃仏毀釈運動が展開された地域として知られている。廃仏毀釈の狼煙《のろし》を上げたのは当時の知藩事、戸田光則だ。

戸田は明治維新時、新政府につくか幕府側につくかで、その心中は揺れに揺れた。最終的に新政府側へと心が傾き、その後は怒濤《どとう》のように寺院破壊命令を下していくのである。結果、松本にあった八割近くの寺院が失われることとなった。ここ松本では明治初期、歴代藩主の菩提寺ですら廃寺処分になったのである。

幕末時、藩内における寺院数は一六四であった。松本における廃仏毀釈の特徴として、一八七〇(明治三)年から始まり、およそ一年間で、短期集中的に寺院が廃寺に追い込まれたことが挙げられる。結果、松本では一二四カ寺が廃寺になった(破却率七六%)。

長年、松本の廃仏毀釈について調査、研究をしてきた松本市文書館特別専門員の小松芳郎は指摘する。

「松本の廃仏毀釈は戸田光則の独断で推し進められました。明治新政府の神仏判然令の本来の目的は、あくまでも神と仏の分離にあり、政府が破壊行為（廃仏毀釈）を命じた訳ではなかった。しかし、一部の為政者が神仏分離を拡大解釈し、破壊行為に至ったのです。戸田もそうしたひとりでした」

戸田家は将軍家の血筋を引き、初代康長以降、松平姓と三つ葉葵紋を下賜されてきた家柄であり、むしろ佐幕の立場であったと言える。それだけに幕府側につくか、新政府側につくかという逡巡《しゅんじゅん》も深かった。本章ではまず戸田の廃仏毀釈政策を振り返りつつ、松本市内の廃仏の痕跡を描いていきたい。

もともと水戸学（後期）に傾倒していた戸田光則は、長州征伐の際には、幕府側についていた。しかし、次第に立場を翻《ひるがえ》していく。一八六八（慶応四）年、戊辰戦争が勃発。徳川追討の新政府軍が中山道を通過する際、松本藩内では新政府側につくか、幕府側につくか意見が割れたという。結局、戸田は新政府軍が松本入りする直前まで悩み抜く。最終的には、新政府軍に合流したが、この時、他藩に後れを取ってしまったことに、戸田は強い負い目を感じたという。以後の戸田は新政府にたいして、極端なほどの忠誠を示すようになる。

例えば、一八六九（明治二）年の土地と人民を天皇に返還させる版籍奉還の際、戸田は信濃の諸藩の先陣を切って奉還する動きを見せている。そのことは大いに中央政府に評価され、戸田の地位は守られ、難なく知藩事に就任することができたという。廃藩置県の際には、松平姓と三つ葉葵紋を返上している。

一八七〇（明治三）年一月、神道を国教と定めた「大教宣布の詔《みことのり》」が出される。これが戸田の廃仏行動を後押ししたと思われる。戸田は同年八月、「廃仏帰神の藩令」を発布し、いよいよ松本における廃仏毀釈が始まった。

戸田は政府に向けて次のような願書を提出している。

「民心頑固、加之《これにくわえ》仏教侵淫、狡猾黠衲《こうかつかつのう》（ずるがしこい僧侶）、毎ニ志ヲ得テ民ヲ震撼《しんかん》セシメ、許多《あまた》ノ財宝ヲ獲取シ、大此道ノ榛蕪《しんぶ》（雑木雑草が生い茂る）ヲナシ、何分皇国固有ノ大義ヲ妨碍《ぼうがい》シ、敬神ノ典ハ至急ニハ行ヒ難ク、実ニ憂慮之至リニ付、臣身ヲ以テ引率シテ士庶人ニ至ル迄、仏教ノ信スルニ足ラス、祭政維一ナル我皇国不易ノ大典万国ニ独立スル御趣旨浹洽《しょうこう》（広くいきわたる）仕《つかわ》セ度《たき》目的ニ有之《これあり》候間、最初臣一家ヲ始《はじめ》、神葬祭ニ仕、当藩士族卒志願次第承届、遂ニハ管内悉《ことごと》ク神葬祭ニ相改サセ度奉存《ぞんじたてまつり》候」（『明治維新　神佛分離史料』第二巻六四五頁）

意訳すればこうだ。

松本の仏教寺院はこのところ民を惑わし、多額の寄付を強要するなど、皇国たる我が国の方針を妨げる存在になっている。わが国は祭政一致の方針であるから、今後は神葬祭への改典と寺院の破却を申し出たい、との内容であった。この願書にたいし、政府は全面的に容認している。

政府のお墨付きを得た戸田がまず取った行動は、自ら範を示すための、戸田家菩提寺の破壊であった。

薩摩藩でも当主島津が菩提寺の打ちこわしを命じているが、島津家の菩提寺は最後の最後に壊された。それが松本では、最初に藩主の菩提寺を壊したのである。戸田の並々ならぬ決意を感じることができるだろう。

戸田の菩提寺は市内中心部にあった曹洞宗の全久院だった。この時、戸田はこう表明している。

「（葬式は）仏式を廃止し、神葬祭式に変更し、自分自身率先して実行するのは、事（廃仏毀釈）が速やかに実行されることを切望しているからである」

ここでは、仏式葬から神葬祭への切り替えの方針を示している。当時、ムラ社会は寺院を中心とする檀家制度の下にあった。ムラで死人が出れば、菩提寺が葬儀から火葬、埋葬、年忌法要まで請け負った。

実際、神仏分離令では神葬祭にするように指示されている。具体的には火葬は土葬になり、戒名は諡《おくりな》（神式での死後の尊称）になり、遺骨は墓標の頂点を尖らせた奥津城《おくつき》に祀られた。

当時の全久院住職は意龍という高僧であった。意龍は、全久院が永平寺と並ぶ本山総持寺の直末《じきまつ》（本山に直属している寺）で、格式ある寺院であることなどを戸田に説明し、寺門の存続を何度も嘆願したという。だが、戸田の意思は固く、悉く退けられた。意龍は仕方なく、本尊を抱いて郷里の越後出雲崎に戻っていった。

全久院に納められていた戸田家の位牌は、近くの女鳥羽川《めとばがわ》に投げ込まれ、仏像や仏具は焼かれ、伽藍は速やかに解体されることとなった。

ちなみに、全久院は廃仏毀釈終息後の一八七七（明治一〇）年に再建を果たしている。

寺院の廃材が学校に

ここで興味深いのは、解体された全久院のその後である。実は建材が小学校の一部に使われたのだ。それは現在、松本城と並ぶ観光名所となっている重要文化財の旧開智学校である。

同時期、廃仏毀釈運動と並行するように、国内では近代教育の議論が熱を帯びていく。一八七二（明治五）年、学制が発せられると、限られた財源の中で、効率的に学校建設がなされていった。寺院の校舎への転用、あるいは破壊された後の建材の再利用は、ごく自然の流れであった。

旧開智学校は全方位を見晴らせる八角形の塔のついた和洋折衷の建築物だ。近代教育の夜明けを告げるがごとく、モダンで壮麗な姿を見せている。壁は白く着色され、当時は高価であったガラスが窓に多用された。その一方、正面玄関の唐破風《からはふ》などに見られるように、ここ松本平一帯の寺社建築物の意匠も引き継がれているのだ。

廃寺の建材が転用された旧開智学校

全久院の建材は、主に構造材や丸太柱などに転用されているため、外観上、往時の全久院のすがたを偲《しの》ぶことは難しい。全久院以外にも廃寺になった三カ寺の建材が開智学校建設に利用された。

しかし、いきなり地域の寺を学校に転用することについて、住民理解はどのようにして得られていったのだろう。

一八七四（明治七）年七月に出された「説諭要略」には、筑摩県の権令永山盛輝が、教育を立県の指針にしようと考え、住民を説き伏せるための口実が述べられている。

「因果応報ノ邪説ニ拘泥《こうでい》シ。地獄極楽ナトノ詭説《きせつ》ヲ信スルカ。中ニハ心得違ノ者モアルヘシ。抑《そもそも》仏ハ死スル先ヲ頼ミ。現在生キタル人ヲ教育スルニ。此寺ニ布施スルト違ヒ。学費を出サス。教場ニ尽力セス。生ルヨリ死スル方楽キナルヘシ。余リ地ヲ易ヘタルコトニテ。可憐《あわれむべき》ナリ」

要するに、「仏教は死んだ先の来世のことを言うが、今は生きた人を教育する時代である。寺に布施をするより、学費を出させよ」という理屈である。

こうして多くの廃寺由来の建材は県が没収し、民間の建材業者などに横流しされ、転売されていった。廃仏毀釈で壊された寺院を学校に転用した例は、枚挙に遑《いとま》がない。

明治初期に実施された文部省調査によると、全国の約四割の小学校が寺院を利用したものであったという。近代教育の礎は、寺院の犠牲なくして成立し得なかったのである。

松本藩における廃仏毀釈運動は、知藩事戸田光則が「隗《かい》より始めた」全久院の廃寺を皮切りに一八七一（明治四）年八月以降、雪崩のように一気に押し寄せることとなる。

民衆の怒りを買った寺

当初は戸田の一存で始まった廃仏毀釈だが、次第に民衆の感情も反仏教へと傾いていく。人々は新時代の到来に、大いなる希望を抱いた。反面、古いものは過去の遺物として軽視され、寺院にたいする破壊行為に発展していった。時代の転換期における、大衆の熱狂が廃仏毀釈〝運動〟として広がっていく。

明治期の郷土史家、唐沢貞次郎が記した「松本藩廃仏事件調査報告」では、当時の若者達の石仏、石塔の破壊について詳述している。

「寺院幷《ならび》に仏器具破毀散乱の状況は、前述の如くして、之に伴ひて寺院外に於ける各種の石塔類の破毀も亦《また》盛に行はれたり、廃寺の境内の地蔵観音の石像をば、地方子供等の毀損に放任して絶えて顧るものもなく、中には故意に之を倒すなどの類も数多く行はる、松本の城山には、従来無数諸種の石塔並列しありたるを、神の世の中となりたれば、仏に関したるものをば高処《こうしょ》に置くべきものにあらずとて、血気《けっき》にはやる青年連は、力任せに懸崖より渓谷へと投げ落とし、城山は忽《たちま》ちに寂寥の感あるに至ったと云へるは、今尚地方人の知れる所なり、辻々路傍処々《つじつじろぼうところどころ》に永く伝はりたる諸種の供養塔、念仏塔、四国坂東巡礼塔等の記念塔、祈願塔の如きも、或は田畑溝流《こうりゅう》の石橋となるに至りたるが如きの例は、普通に行はれたり、中には徳川初代の藩主の菩提寺が廃寺となりて、其古塔が田畑小溝の石橋となり、日常往来人に辱《じょく》されているが如きこともあるに至る、斯《かく》の如き潮流は松本領内には滔々《とうとう》風をなして行はる」

松本で廃仏毀釈が民衆運動になっていった要因はどこにあったのか。そこには、当時の僧侶が堕落し、大寺院によるムラ支配によって、人々が苦しめられていた事実が横たわっていた。

松本藩最大の廃仏毀釈とも言われる事例から解説しよう。

長野県松本市西部に位置する白山《はくさん》（標高一三八七メートル）は、地元松本市民の間でもその存在はほとんど知られていない。近年、この白山山中から、巨大寺院の痕跡が発見された。中世に栄華を誇ったといわれる若澤寺《にゃくたくじ》である。奈良時代に僧行基が開き、征夷大将軍坂上田村麻呂が再建したと伝えられる。江戸時代には松本藩からの手厚い庇護を受け、「信濃日光」と例えられるほどの興隆を誇っていた。

地元教育委員会は一九九九（平成一一）年から八年間に渡って現地調査を実施した。すると跡地から、山城さながら、幾重にも積まれた石垣や礎石、平安時代の陶器や古銭などが見つかった。若澤寺は南北三〇〇メートルに及ぶ中堂（本堂）救世殿、金堂瑠璃殿、坂上田村麻呂の坐像が祀られた田村堂などの伽藍が立ち並び、末寺五カ寺、寺域は周囲一三キロにも及んだという。

ところが一八七〇（明治三）年、若澤寺は廃仏毀釈によって完全に解体される憂き目に遭う。伽藍のいくつか、仏像、仏具、什器などは藩内の寺院に引き取られて、散逸し、石垣や礎石を除いて山野に帰した。

冒頭に記したように松本では七六％の寺院が廃寺になっているものの、うち三分の二ほどの八〇カ寺余が明治後期までに復興を果たしている。廃寺を推し進めた戸田光則の菩提寺、全久院ですら、その後は再建された。

ところが、若澤寺については、復興が叶わなかった。どうしたことか。

旧波田町文化財保護委員長で、若澤寺史跡保存会の百瀬光信は明かす。

「若澤寺は祈禱寺で檀家数八〇軒ほどと少なかった。経済力がなかったことが復興を果たせなかったひとつの要因ではありますが、若澤寺はもっと別の問題を抱えていました。記録によれば、若澤寺の僧侶の堕落があまりにもひどかったようなんです。当時、僧侶は原則独身を貫くことになっていましたが、実際のところは妻をめとった僧侶は多かった。檀信徒は住職の妻帯は黙認してはいましたが、妾《めかけ》を囲うようなことまでしだした。住職が遊女の元に入り浸り、檀家の顰蹙《ひんしゅく》を買っていたというのです。折しも廃仏毀釈の命令が下された時、地域住民や檀信徒は『こんな堕落した寺は必要なし』と、むしろ率先して若澤寺の廃寺に手を貸したと言われています」

事実、若澤寺に関しては江戸時代に多くの訴訟を抱える「問題寺院」であった。江戸後期の天明年間から寛政年間にかけては、檀家総代の許可なく寺有林の立木を多数伐採し売却。この森林伐採を巡って檀家や近隣寺院と訴訟沙汰になっており、一七九五(寛政七)年一一月には、近隣寺院が寺社奉行宛に駆け込み訴訟を行い、住職の女性関係を暴露した「泥沼劇」が書状に残っている。

「先年若澤寺儀、在京の砌《みぎり》も五条新地の大文字屋抱えの売女『たみ』と申す女を、請け出し、二条新地え借家致し囲い置き。其の後帰国つかまつり候ても、丹波守様御城下松本町山部小路にて『いく』と申す女を囲い置き、家作り杯《など》も美麗に取り拵《こしら》え、近辺の者共、唱え候には『新若澤寺』と申し候」

つまり、若澤寺の住職が頻繁に山を下りて、複数の遊女を囲い、豪華な家を与えていたという。遊女を囲っていた屋敷のことを近隣住民は「新若澤寺」と呼んで、噂になっている、とのゴシップの内容である。

こうした若澤寺の堕落ぶりに檀信徒の怒りがいかに激しかったかは想像に難くない。それは若澤寺跡地に転がる、首が刎《は》ねられた地蔵や、山中に放置されたままの歴代上人の墓所を見ても窺《うかが》い知ることができる。

松本では若澤寺以外にも復興を果たせなかった寺院は四〇カ寺ほど存在している。若澤寺のように僧侶自身の問題で再建不可能になった事例はいくつもあるようだ。「松本藩廃仏事件調査報告」でも、松本藩における僧侶の堕落について、こう辛辣に記述している。

「当時、地方僧侶が無知無学の俗僧にして、或は公然として肉食を敢てして恥ぢず。

或は妻帯蓄妾《ちくしょう》して敢て顧みず、破戒堕落の酷《はなはだ》しき者が多くして、此等俗悪の僧侶が維新に際しても、徳川時代の如くに依然として泰平的旧式生活に安じ、藩士のみならず、一般社会及び檀家等より弾指せらるるの状況にありて、寧《むし》ろ廃仏の必要をも自ら感ぜしめたることありしが如し、尤《もっと》も当時当地方の風俗は一般として堕落の風あり」

寺宝の疎開先

僧侶の行いはひどいものだったが、若澤寺の伽藍や仏像は文化財的観点から見ても貴重なものが多かった。廃寺にあたって他寺院に移され、今に伝わっているものも少なくない。

若澤寺の寺宝の引き取り手になったひとつ、盛泉寺《じょうせんじ》を訪れた。盛泉寺は白山の麓《ふもと》集落、波田地区に位置する、一五五二（天文二一）年開山の曹洞宗寺院だ。

盛泉寺に移された仏像でもっとも貴重なものが、中堂救世殿に納められていた銅造菩薩半跏思惟像だ。高さ二二センチほどと小さいが、奈良時代末期の作で県内最古の仏像だ。そのほか、銅造薬師如来座像（鎌倉時代後期）、銅造菩薩立像（南北朝〜室町時代）、木造不動明王像（鎌倉時代）、明兆作と伝えられる白衣観音図（室町時代）など数多の寺宝が移された。坂上田村麻呂が兜の前部につけて戦ったと伝えられる純金造水澤千手観音像のように、廃仏時に何者かに持ち去られたものもある。

建造物としては一八八九（明治二二）年に若澤寺中堂救世殿と薬師堂がここ盛泉寺へと移築された。いずれも、荘厳にして、随所に凝った意匠が施されたものだ。

盛泉寺のある波田地区からおよそ一〇キロ。今井地区の浄土宗・正覚院には若澤寺の金堂と庫裏の一部が移築された。旧若澤寺金堂は江戸時代初期の造り。当時は朱塗りが施され、たいそう豪華なものであったという。若澤寺の廃寺が決定した後、金堂は解体されて大八車に乗せて山から降ろされた。正覚院の観音堂として組み直され、現在、市の重要文化財に指定されている
しかし、ここでひとつ疑問が生じた。なぜ、盛泉寺や正覚院は廃仏毀釈を免れ、廃寺を受け入れることができたのか。松本市文書館の小松芳郎特別専門員は解説する。

「旧松本藩の村々の中で、天領と呼ばれる幕府領が八村ありました。正覚院のある今井地区もそのうちのひとつです。天領は知藩事である戸田の支配権が及ばぬため、安全地帯となり一切の破壊行為は行われなかったのです。そして、天領内寺院は松本藩内での廃寺の受け皿になった。いわば、寺院の疎開先です」

これは、先で述べた宮崎で天領内寺院が守られた構図と同じである。筆者は、廃寺の受

け皿になった天領の和田地区を訪れた。

境集落にある天台宗・西善寺は、一見して無住と分かる荒廃寺院である。境内には、鐘楼があるが、少し大きな地震が起きれば倒壊してしまいそうなほど朽ちている。鐘楼に梵鐘は下がっていない。

檀家総代の男性（六六歳）に堂内を案内してもらった。

本堂正面の引き戸を開けると、驚くような光景が飛び込んできた。狭い本堂に、よほどの大寺院でなければ置かれていないような立派な三尊仏が鎮座する。堂々たる阿弥陀如来坐像（座高約二一〇センチ、光背を含めれば約三〇〇センチ）だ。脇侍仏も二メートルを超える大きなものだ。

ふと、気配を感じて振り向いた。すると、お堂の入り口の隅に、座高三メートルはあろう地蔵菩薩坐像（いずれも木造）が、頭が擦《こす》れてしまいそうなほど天井ギリギリに置かれている。地蔵菩薩が置かれているところだけ畳がはがされ、床の高さを下げてある。この地蔵菩薩は椅子に腰掛けたスタイルで、柔らかな衣紋が特徴的だ。

男性が過去のエピソードを話してくれた。

「私の小さい頃は、よくこの仏さんによじ上って、遊んだものです。坐像ですから、膝の上に座れるんですわ。地蔵菩薩の足は甲の部分が割れて取れ、中が空洞になっているので、よく足にはめて、『ジャイアント馬場だ』とか言ってふざけていました」

さらに目を見張るべきは、堂々たる本尊、阿弥陀如来坐像だ。丸みを帯びた顔立ちが特徴で玉眼がはめてある。ところが、である。金の光背の上部がスパッと真一文字に切り落とされているのだ。本堂の壁面には切り取られた光背の先端部と、その一部である丸い輪が掛けられている。

光背の上部が切り落とされた西善寺の阿弥陀像

実は西善寺にある大仏や仏具の多くが、江戸時代は松本市の中心、清水地区にあった念来寺に置かれていたものだという。秘仏阿弥陀三尊像や、国内でも最大規模を誇る涅槃図「紙本著色釈迦涅槃図」、「彈誓上人立像」など（いずれも市重要文化財）も、念来寺から西善寺に移された。

念来寺は、敷地面積約八九〇〇平方メートル（約二七〇〇坪）の大寺院だったが、一八七二（明治五）年、廃寺処分が下され、鐘楼をのぞいて、すべての伽藍が取り壊された。そして仏像、仏具、什器などは和田集落の住民が大八車に乗せて、同じ天台宗の西善寺に避難させたという。ところが西善寺に到着し、阿弥陀如来坐像を本堂に納めようとしたその時であった。何ということだろう。阿弥陀如来坐像の光背が天井につっかえてしまったのだ。村人達はその場で泣く泣く光背を切り落とし、堂内に入れたという。全力で仏様を守ろうとしながらも、最後は光背を切り落とさねばならなかったのだ。

浄土真宗はなぜ生き残ったのか

ここで、松本における廃仏毀釈を総括してみよう。『神佛分離史料』に記されている、旧松本市内二一五カ寺の廃存続寺院の状況をまとめてみた。松本藩内には江戸末期の時点で一六四カ寺が存在していたので、掲載は一部ではあるが、廃寺と再興の関連性が見えてくるだろう。

全久院（曹洞宗）　本町　廃寺（明治三）
前山寺（曹洞宗）　埋橋村　廃寺（明治三）

妙光寺（日蓮宗）　堂町　廃寺（明治三）
安楽寺（真言宗）　和泉町　廃寺（明治五）明治二三年に再興
林昌寺（浄土宗）　上横田町　廃寺（明治五）明治一三年に再興
本立寺（日蓮宗）　中町　廃寺（明治四）
広福寺（日蓮宗）　中町　廃寺（明治四）
瑞松寺（曹洞宗）　宮村町　廃寺（明治五）明治一三年に再興
大松寺（曹洞宗）　清水町　廃寺（明治四）明治一五年に再興
生安寺（浄土宗）　本町　廃寺（明治五）明治一六年に再興　※現在は曹洞宗
恵光院（臨済宗）　下横田町　廃寺（明治五）明治一三年に再興
浄林寺（浄土宗）　伊勢町　廃寺（明治五）明治一七年に再興
乾瑞寺（臨済宗）　飯田町　廃寺（明治五）
賢忠寺（曹洞宗）　沢村　廃寺（明治五）
宝泉院（曹洞宗）　宮村町　廃寺（明治五）明治一三年に再興し、瑞松寺に
摂取院（浄土宗）　安原町　廃寺（明治五）
正行寺（真宗大谷派）　下横田町　存続

極楽寺（浄土真宗）　本町　存続
長称寺（真宗大谷派）　上横田町　存続
宝栄寺（真宗大谷派）　和泉町　存続
念来寺（天台宗）　清水　廃寺　※鐘楼のみ存続
善昌寺（天台宗）　清水　廃寺（明治四）明治二一年に再興
放光寺（真言宗）　城山　廃寺（明治五）大正一三年に再興　※現在は曹洞宗
正麟寺（曹洞宗）　木沢　廃寺（明治五）明治一六年に再興

松本では藩内にある寺院は、軒並み廃寺となった。

しかし、市内には天領と呼ばれる幕府直轄領が八地区存在し、知藩事戸田光則の権限が及ばぬために、天領内寺院は廃寺を免れた。そして、天領内寺院が廃寺の受け皿になり、寺宝の保全ができた。また、藩主の廟所《びょうしょ》である浄土宗・玄向寺なども廃寺を免れた。

松本の廃仏毀釈は、廃藩置県後間もなく、戸田が東京に出たことで終息に向かう。廃仏毀釈は約一年で終わり、多くは明治期に復興を遂げたものの、住職の堕落など住民や檀家の理解が得られなかった寺院は廃絶となった。

このリストを見ると、ひとつの特徴を見出すことができる。浄土真宗の寺院の多くが、廃寺を免れているのだ。藩内二三カ寺中わずか三カ寺が破却、破却寺院の割合は一三%に留まっている。

松本市文書館特別専門員の小松芳郎は指摘する。

「これは、あるリーダーの存在が大きいのです。彼の主導によって、各浄土真宗寺院と門徒衆が一丸となり、激しい抵抗を示したためです」

そのリーダーこそ、正行寺《しょうぎょうじ》住職の佐々木了綱であった。了綱は、歌人としても活躍した真宗の僧侶である。了綱は一〇歳で父を失い、一一歳の時には病で右目を失明し、得度すると、正行寺に入った。正行寺は松本藩二代目藩主石川康長の菩提寺である。了綱が四〇代の頃、廃仏毀釈を迎えた。

知藩事戸田光則によって廃仏令が出されると、以降、藩内寺院の住職は、しきりに藩庁に呼び出しを受け、廃寺、帰農（還俗して、農民になること）を強制されていった。多くの寺院の僧侶が度重なるお上からのお達しに屈し、帰農を表明する中、了綱だけは頑として同意しなかったという。

了綱の日記『護法録』には、了綱は計一七回も藩に呼び出され、その都度、役人との激しいやりとりが繰り広げられたことが書かれている。

　廃寺帰農を迫る役人に対し、了綱が「政府から神仏分離令が出ていることは聞いているが、廃仏令なるものが出されたというのは本当か」などと理詰めで反論すると、役人は何も言えなくなったという。

　了綱は事前に真宗のネットワークを通じて、神仏分離政策の仔細を入手し、本山とも協議しながら護寺のための対策を講じていた。あくまでも中央政府の考えは神仏を分離することであり、廃寺や帰農を奨励していないなどの情報を、確信をもって得た上で、藩の廃仏毀釈は神仏分離の拡大解釈であると、反論したのである。

　了綱は一八七一（明治四）年三月一二日に、宝栄寺住職との協議の中で、こう決意を述べている。

「銘々其寺々を大切ニ保護するの外なく、依而《よって》拙寺ハ拙寺、貴寺ハ貴寺、応分之護持可致之外《いたすべくこのほか》術なく（中略）勧誘者如何《いか》程《ほど》強共《つよけれども》、肯論せざれハ如何共《いかんとも》成難し、然《しか》る時ハ勘考申ハ、勘中入牢可申付歟《もうしつくべきか》、素より両三年之囚獄者覚悟之上也、兎角《とかく》する内藩政も一変せんのみ」（とにかく各寺を守っていくしかない。藩からの勧誘が強く、受け入れてしまえばどうしようもなくなる。反対すれば捕らえられ、三年ほどは入牢しなければならない。しかし、そのうちに藩政も変わることだろう）

小松は指摘する。

「了綱を中心とした反対運動は、藩内の真宗寺院の大部分と本山が一緒になって行っており、これだけのまとまりは他宗には見られないことです。了綱が何度も呼び出しを受けるにしたがって、民衆も了綱に共鳴するようになっていきました。了綱の反対運動によって、真宗寺院の多くが廃寺を免れただけでなく、松本藩の廃仏毀釈が早期に収束することになったと考えられます」

浄土真宗は、常に権力と対峙してきた宗派である。そんな真宗の原動力を、南九州の隠れ念仏に見ることができる。

弾圧を耐え抜いた「隠れ念仏」

ここでいったん、舞台は鹿児島に移る。

江戸末期、薩摩藩はキリスト教に加えて、浄土真宗（一向宗）も厳しい取り締まりの対象にしていた。鹿児島における浄土真宗に対する弾圧は一六世紀後半から徐々に始まった。一五九七（慶長二）年、第一七代当主島津義弘による一向宗禁制のおふれ以降、取り締まりを強化。江戸末期には弾圧のピークを迎え、念仏禁制が解かれる一八七六（明治九）年まで約三〇〇年間も続いた。

これは一六世紀後半から始まるキリシタン禁制と、ほぼ時期を同じにしている。真宗門徒衆が弾圧を逃れて集まった「隠れ念仏洞」の跡が、鹿児島県内にはいくつか残っている。「花尾山の隠れ念仏洞」もその一つだ。

花尾山の深い林中に、高さ一五メートルはあろうと思しき巨岩が見えてくる。巨岩は上部から下部にかけてまっぷたつに割れ、地面に面したところに開口部がのぞいている。そこは高さ一・四メートル、奥行き四メートル、横幅八メートルほどの洞窟になっている。洞窟の中心には小仏が置かれていた。

鹿児島における隠れ念仏は、当時の法に反する秘密結社であった。隠れ念仏で人々が集うのは、役人の目が届かぬ、闇夜や風雨の時だ。手に収められるサイズの仏像や数珠を洞窟に持ち寄って、一心に念仏を唱える法座がもたれた。だが、一八六八（明治元）年、ついに追っ手の知るところとなり、花尾の門徒は捕らえられてしまう。

当時、薩摩藩では真宗門徒であることが発覚すれば、激しい拷問を受け、中には悶死したり、打ち首に処せられたりする者も少なくなかった。

西本願寺鹿児島別院には「涙石」という丸くて大きい石が残されている。これは門徒に対する「石抱き刑」で使われた、と伝えられているものだ。三角形に割った薪の上に座らせ、三〇キロ以上の重さのある石を抱かせて、真宗の信者であることや仲間の所在などを白状させた。あるいは火責め、大量の水を飲ませる、鞭打ち、吊しなど、想像を絶するような拷問が門徒衆に対して行われた。仮に一命をとりとめても、別の仏教宗派への改宗が強制された。

幕末期の一八三五（天保六）年には弾圧のピークを迎えた。門徒一四万人が摘発され、仏像二〇〇〇体が取り上げられたと伝えられている。

しかし、そもそも徳川幕府は既存仏教を庇護し、檀家制度に利用したはずである。いち仏教教団がなぜ、ほかの宗派と区別され、弾圧のターゲットにされなければならなかったのか。

他でもない、浄土真宗の団結力が時の為政者を怯えさせたからである。

浄土真宗の宗祖親鸞や、中興の祖で同宗を大衆化させることに貢献した蓮如は、「南無阿弥陀仏（念仏）を唱えさえすれば、何人も、罪人たりとて極楽に往生できる」「阿弥陀仏の前では生きとし生けるものは全て平等に救われる」と説いた。

この「万人平等救済」の思想は、生き馬の目を抜く戦乱の世にあって、貧困層の強力な精神的支柱になっていく。真宗門徒は他宗以上に、教義を貫く姿勢の強さで知られていた。言い換えれば、日本の仏教教団の中でもより原理主義的な側面がある。

弾圧される側から見れば、弾圧対象になればなるほど、「自分たちの信じる信仰は正しい」と、宗教集団としての「純度」を増していく。そうした貧困層の宗教的結束はある時、一揆となって、為政者に向けられていくのである。

宗教史上、最大のクーデターが、一四八八（長享二）年に起きた「加賀の一向一揆」であった。加賀の一向一揆は、守護大名・富樫政親が自害して終焉し、その後、加賀国は「百姓の持ちたる国」として一五八〇（天正八）年までの約九〇年間、真宗門徒による自治国家として統治されることになる。

鹿児島県では廃仏毀釈後の浄土真宗の動きが興味深い。薩摩藩において寺院と僧侶がゼロになったことは既に述べてきた通りだが、一八七六（明治九）年、信教の自由令が出されると、浄土真宗はこの地に本格進出していく。西本願寺が鹿児島別院を建立すると、西南戦争で罹災した避難民の救済や学校建設に尽力するなど、勢力を拡大。それは過去の迫害の反動とも思えるほど、急激な広がりをみせた。

現在、鹿児島県における浄土真宗寺院はおよそ三〇〇。県内寺院の七割に及んでいる。

鹿児島以外でも廃仏毀釈で多くの寺院が消滅した地域では、のちに浄土真宗が寺院を増やしているケースが多い。佐々木了綱のように廃仏毀釈に抵抗する真宗の僧侶も多かった。廃仏毀釈後は、浄土真宗は寺院空白地帯になった地域にいち早く入り、布教を始め、勢力を拡大していく。

現在、浄土真宗系（真宗十派）寺院は二万一〇〇〇を数える。なかでも浄土真宗本願寺派は一万カ寺超の末寺を抱える大教団に成長した背景として、過去の迫害の歴史の反動としての大布教があった事実は見逃せない。

役人と闘ったリーダー僧

さて、話を松本に戻して、もうひとりの復興のリーダーを紹介したい。

長野県大町の曹洞宗霊松寺住職、安達達淳も了綱同様、廃仏令に屈しなかった気骨の僧侶として名を残している。

達淳は一八二二（文政五）年、越中射水郡（現富山県射水市）生まれ。一〇歳で得度を受け、四二歳で霊松寺三〇世住職に就任している。廃仏毀釈が始まったのは和尚が四九歳の時であった。

霊松寺は、一四〇四（応永一一）年、曹洞宗としては信濃国最初の寺院として開かれた。しかし、領主の仁科氏が一五六二（永禄五）年に織田信忠に滅ぼされたことで寺禄《じろく》を失い、霊松寺は衰退の一途を辿る。一六四七（正保四）年、徳川家光より寺領一〇石を寄進されて、再興を果たすと一時は七堂伽藍を備えるまでに栄えた。ところが、一八四七（弘化四）年の善光寺地震によって倒壊、炎上。その復興過程にあった時、達淳が住職に入り、そして明治維新を迎えた。

筆者は達淳の面影を訪ね、山深き、大町の霊松寺を訪ねた。大町は松本に比べて冬の積雪量は格段に多く、寒さもより厳しい地域だ。本堂は間口一二間半（二二・六メートル）、奥行き一三間半（二四・四メートル）、面積一六七・八坪。庫裏は間口一〇間（一八・一メートル）、奥行き二〇間（三六・二メートル）、面積二〇〇坪にも及ぶ。

達淳は、大町陣屋（役人の詰所）において、詰問され、廃寺、帰農を迫られたが、頑として首を縦に振らなかったという。苦慮した松本藩は、霊松寺に属官岩崎八百之丞を遣わすこととした。岩崎は強引かつ高圧的な人物として知られていた。幕末には京都に出て、戸田光則の縁続きであった公卿正親町《おおぎまち》三条家に仕えたことで、朝廷に対する揺るぎない忠義心を増大させていった。

松本藩に戻ってからの岩崎は、戸田の下で廃仏毀釈を積極的に推し進めていく。藩内寺院を次々と廃寺に追い込んだツワモノとなった。飛鳥時代、仏教を弾圧した物部守屋になぞらえて「今守屋」と言わしめたほどである。

岩崎のやり方はこうだ。始めは住職を上座に座らせ、礼を尽くすそぶりを見せる。しかし、様々な問答を用意し、住職が返答に窮すると態度をコロリと変え、嘲笑、罵倒した。そして、いかに仏教がいい加減なものかを詰《なじ》り、早く仏式の葬儀をやめて神葬祭に変えよ、坊主は帰農せよと恫喝する、といった具合であった。

一八七〇（明治三）年某日、達淳と向き合った岩崎は、前述のごとく仏教のいい加減さを説き、和尚に還俗を迫ったという。そして岩崎はこう言い放った。

「地獄極楽はこの世に実在しない。あるならここに出してみろ」

達淳は、「ただ今、お目にかけますゆえ、しばしお待ちを」と返答すると、白装束に身を包んで現れた。そして、脇差を乗せた白木の三宝をすっと岩崎に差し出し、こう述べた。

「では、地獄でも極楽でもお見せしましょう。しかし、地獄も極楽もこの世のものではなく、あの世にある。私がこれからご案内して、お見せするから、共に腹を召されよ。拙僧、すでに身を清め、用意を整えました。貴官も、ご準備なされよ」

達淳の気迫に押された岩崎は、「下がれ、下がれ」と叫ぶと、寺を出ていったという。

達淳はその後も、藩吏から度々廃寺を迫られるが、「貴官は誰からの命令で廃寺帰農を強制するのか。太政官からか。それはいつどこで出されたものか。末寺は本山との密接な関係にある。本宗の本山とは協議したのか」などと反論し続けた。達淳は謹慎を命じられて霊松寺に軟禁されてしまう。しかし、檀家の協力を得て、密かに寺を出て、上京すると、太政官に松本藩が勝手に廃仏令を出している旨を直訴した。

太政官は、「かくも立派な僧侶がいたとは」と感心し、廃仏令の撤廃を承認したという。

達淳の撤廃運動によって松本藩では、廃仏毀釈の機運は衰えていき、完全に収まるのは一八七一（明治四）年七月のことであった。

廃藩置県によって松本藩は廃され、松本県（後に筑摩県）が置かれ、知藩事であった戸田光則は免職となった。戸田は翌八月に松本を退去する。戸田が不在になった松本において、もはや廃仏毀釈の大義は失われ、うやむやのままに終息していった。

松本の廃仏令撤回運動に尽力した佐々木了綱や安達達淳は、廃仏毀釈が収まってからは松本の廃寺を回って、復興事業に心血を注いだという。自坊のことより、他寺院を優先させた達淳であったが、多くの寺院が復興のめどが立ったのを見極め、自坊霊松寺の本堂復興に手をつけはじめた。一八八三（明治一六）年、本堂が落慶。この時、既に善光寺地震で本堂が焼失してから三六年の年月が経過し、和尚は還暦を過ぎていた。

日本で唯一「寺のない村」

「木曾路はすべて山の中である」

この有名な一文で始まる島崎藤村の『夜明け前』は、岐阜県・馬籠を舞台にしている。幕末維新時の激動と時代に翻弄される主人公・半蔵のモデルは藤村の父だ。半蔵は国学に傾倒し、王政復古、祭政一致の新しい時代に期待を寄せる。しかし、そこに半蔵の理想はなかった。半蔵は絶望の末に寺に火を放つ——。

『夜明け前』の馬籠宿は現在、中津川市に属しているが、それと隣り合った岐阜県の山あいに、日本の自治体で唯一の「寺のない村」がある。東白川村だ。

総面積の九〇％が山林で、人口は二〇〇〇人ほど。二〇一五（平成二七）年の六五歳以上人口の割合（高齢化率）は四二・一％と、将来の存続が危ぶまれる典型的な過疎地域である。

わが国は江戸時代、「一村一寺」の制度を敷いた。そしてムラ人は、すべてムラの寺の檀家に組み込まれたのだ。したがって、いまでも古くからの農村には、字単位で寺があることが多い。だが、東白川村では、寺はおろか、石仏ひとつ見つけることも難しい。

東白川村は江戸期の行政区分でいえば、苗木藩に当たる。苗木藩では明治初期、藩内寺院一七カ寺すべてが廃寺になった。それだけではなく、仏教の要素を含むものは悉く破却させられた。廃仏毀釈が収まっても、現在に至るまで、一カ寺たりとも復活していない。たとえば、前章でも取り上げた薩摩藩でも一度は寺院が完全消滅した。だが後に、一部の寺院は再建を果たし、また浄土真宗を中心に熱心に開教を進めた結果、現在では五〇〇カ寺ほどまで戻してきている。

だが東白川村には、現在でも仏教徒はほとんど存在しないという。神道への改宗が強要されて以来、自宅にあった仏壇や戒名が彫られた位牌などは処分させられ、代わりに御霊棚を祀っている。ムラにおける葬式は神葬祭で実施されるのが通例となっているのだ。

苗木藩において廃仏毀釈を主導したのは、知藩事遠山友禄《ともよし》という人物である。苗木藩は石高わずか一万石という弱小大名であったが、最後の藩主でもあった遠山は幕末時、幕府の若年寄の要職にあった。一八六五(慶応元)年には第二次長州征伐のために、第一四代将軍徳川家茂とともに大坂城入りする。だが、家茂はそこで病に倒れ、二一歳の若さで亡くなってしまう。その際、遠山は家茂の遺体の運搬を任され、船で江戸に戻っている。

遠山は旧幕閣かつ、小藩の出であることに負い目を感じ、維新時には新政府側に恭順の姿勢を見せざるを得なかったと見られている。この点、松本藩主の戸田光則が推し進めた廃仏毀釈の構造に似ている。

また遠山は同時期、平田派国学に傾倒していた。新政府にたいして、藩内寺院を一掃させるなどの過剰なアピールを見せることで、生き残りをかけたのだ。

苗木藩の廃仏毀釈がいかに激しいものであったかは、東白川村役場前に立っている「南無阿弥陀仏」の名号碑を見ればよくわかる。上部から下部へと向かって四方向から、人為的に割られているのだ。まるで、薪割りのように。住民たちは、これを「四つ割の南無阿弥陀仏碑」と呼んでいる。

名号碑のある村役場そのものが、廃寺になった常楽寺跡に建設されたものだ。名号碑は付近の白川から採取された青石を使った堂々たるもの。一八三五（天保六）年に、信州高遠の石工伊藤伝蔵の手によって完成した。

ところが一八七〇（明治三）年、藩の役人がやってきて、名号碑を粉々に打ち壊せとの厳命がくだされる。この命令は高遠村にいた伝蔵の元へと伝わり、伝蔵自らが鏨《たがね》を打ち込むことになったという。

伝蔵は、「私は苗木藩の者ではない。高遠の石工だ。仏の顔を踏みにじることはできない」と述べ、涙を流しながら、石の摂理に沿って四つに綺麗に割っていったという。藩の命令は「粉々にせよ」ということであったが、伝蔵は後世、修復ができるよう意図して〝美しく〟割ったのだ。

割られた名号碑は南無阿弥陀仏の文字が見えないようにして畑の積み石などにされた。そして年月の経過とともに名号碑の存在は忘れ去られていったという。

ところが昭和に入ってしばらく経った頃、村内でペストが流行。多数の死人が出る事態となった。ムラでは「名号碑を割った祟り」だという噂が流れた。そして、四散した名号碑を集め、再建することになったのが一九三五（昭和一〇）年のことである。

名号碑の例だけではない。苗木藩における廃仏毀釈のやり方は、耳目を疑うような、執拗かつ異常なものだった。『神佛分離史料』には、当時の生々しい廃仏の手法が描かれている。

「先に坊主の素行を調べて置いて、然る後に、突然坊主と信徒二人宛《ずつ》を呼び出して魚を食はせた。この時代は未だ封建時代の習慣が残つてゐる間であつたから、妾を置いたり魚を食ふ事を隠してゐた。そこで、役人の前で、御馳走に出た魚を食はぬといへば、汝等は平素魚を食ひ妾を置いてゐるではないかと、先に取り調べてある事を一々並べ立てて糾問する。そして汝等が若し廃仏を承諾すれば許してやる。若し廃仏を承諾せねば縛するがどうだと脅して承諾させた。そしてすつぱり寺をつぶし、地蔵で橋を架け、内仏で風呂をたいて、仏風呂に坊主を入らせた」（「苗木藩の廃仏と東本願寺」藤井草宣氏報）

前述したように、新政府は一連の神仏分離令では行き過ぎた破壊行為を戒めていた。しかし、仏像を薪にして風呂を沸かし、その風呂に僧侶を入らせる行為は、為政者の仏教に対する憎悪がなければできないものだ。それが国学思想によるものか、あるいは当時の僧侶の堕落からくるものか、ここではわからない。

命がけの抵抗も

一八七〇（明治三）年一〇月、遠山友禄が領内の廃仏の状況を視察していた時の様子が、安丸良夫『神々の明治維新』（岩波新書）に描かれている。

領内の庄屋宅に投宿した遠山は、その家に仏間があるのを発見する。遠山は庄屋の甥で後見役の柘植謙八郎を呼び出し、「神道改宗すると言ったのに、仏壇がそのままにあるのはどういうことか」と迫った。

柘植は、「あまりに伯父が廃仏を嘆くので止むを得ず、なおざりにしてしまいました」と正直に答えた。聞けば、組頭の市蔵宅にも仏壇があるという。

激怒した遠山は、翌朝、両家の仏壇と、仏壇に入っていた本尊・脇侍を庭先に出させると、ひとつひとつ、土足で踏みにじり、火をつけた。

これを見た市蔵の妻は錯乱状態になり、燃え盛る炎の中に身を投じて焼死しようとし、周りの者から抱きとめられたという。

こうした逸話の断片から、そもそも苗木藩は仏教に篤い土地柄だったことがわかる。それだけに、その心情に反してまで推し進められた廃仏政策の凄まじさがうかがえる。

最後にもうひとつ、エピソードを紹介しよう。現在、東白川村内には、奇跡的にほぼ原型をとどめたまま残っている名号塔がある。

この名号塔は、北アルプスの槍ヶ岳を開いた江戸時代の浄土宗僧侶、播隆上人の揮毫で、一八三五（天保六）年に立てられた。苗木藩では明治維新時、「すべての石造物は破壊せよ」との命令がくだっている。しかし、村人は密かにこの名号塔を近くの川に名号を伏せた形で、渡り石として隠した。だが、増水のたびに名号塔が表になってしまうため、廃仏毀釈のほとぼりが冷めた頃、川岸に引き上げて祀り直したという。数少ない苗木藩の仏跡は、過剰な廃仏毀釈にたいする、領民たちの命がけの抵抗を今に伝えている。

第五章　閉鎖された島での狂乱　——隠岐、佐渡

「正義党」による破壊

隠岐や佐渡といった島嶼《とうしょ》部における廃仏毀釈は、一部では尋常ではないほどの熱狂を伴ったものであった。こうした閉鎖された地域では最新かつ正確な情報が行き届かない。先の松本藩の事例と同じく、廃仏思想にかられたリーダーが島民を先導、徹底的に仏教施設が壊されたところも少なくなかった。

島根半島から北に四〇～八〇キロ沖合いに位置する隠岐は、約一八〇からなる群島を形成している。隠岐群島には四つの有人島がある。一番大きく、円形をしているのが島後《どうご》(隠岐の島町)。さらに島前《どうぜん》と呼ばれる西ノ島(西ノ島町)、中ノ島(海士町《あまちょう》)、知夫里島《ちぶりじま》(知夫村)の三つの島のまとまりがある。海岸全域が国立公園に指定された、実にのどかで平和的な島である。これらの島々では縄文時代以降、自然信仰が根付き、現在まで多くの神事が続けられてきた。中世は遠流の地になり、後鳥羽上皇や後醍醐天皇が流されたことでも有名だ。

隠岐には立派な神社がいくつかある。後鳥羽上皇を祀った隠岐神社(海士町)、「隠岐造」と呼ばれる独特の建築様式の本殿を持つ水若酢《みずわかす》神社(隠岐の島町)などである。どの集落を訪れても、必ずといってよいほど神社が見つかる。しかし、神社の数に比べて寺院はあまり見当たらない。

隠岐もまた厳しい廃仏運動が展開された場所なのだ。幕末に存在したおよそ一〇六カ寺がゼロになっており、うち六六カ寺が復興していない。

隠岐は古くから神仏に篤い地域であった。後鳥羽上皇が流されてからは、島前の源福寺に御座所が設けられた。上皇は晩年には仏教に帰依し、自ら木や石を手にして、仏像を彫ったと言われている。上皇の御手作と伝えられる仏像が島の各寺院に祀られ、島民は深く敬った。その後、江戸時代には幕府の直轄領（天領）に組み込まれ、出雲松江藩が委託管理（預地）していた。しかし、海外の列強が脅かし始めた幕末期、海上の要衝であった隠岐はにわかに動揺し出す。

島の玄関口である西郷港に陣屋が設けられ、全島から若者が集って、武術の練習を繰り返したという。そうした経緯から、島民の間には早くから尊王攘夷志向が強まっていた。

島民の精神的支柱となったのは、京都に出たひとりのエリートであった。京都で儒学を学び、私塾を開いた中沼了三（後の水若酢神社宮司）である。中沼の私塾には土佐の中岡慎太郎もいたという。都で目覚しい活躍を見せた中沼は、隠岐の青年たちにとって憧れの存在であった。中沼の影響を受けた彼らの多くは、庄屋層や神官層が中心で、彼らは「正義党」を名乗った。

一八六八（慶応四）年、神仏分離令が発せられたことが全島に知れ渡ると、本格的な廃仏運動が展開されていく。正義党のメンバーは、まず島後にあった寺院四六カ寺を破却。神社に納められていた仏具なども全て処分した。

『神佛分離史料』によると、後鳥羽上皇の御座所であった源福寺は、本尊の大日如来像のほか、後鳥羽上皇の御手作の仏像や、京都の公家から納められた大般若経など貴重な寺宝を多数有していた。しかし、血気盛んな正義党の若者らはこれらをことごとく破壊。あろうことか、その上から糞尿をかけたという。

その後、仏像の残骸などは仁王門の前にうずたかく積み上げられた。まさに火が付けられようとしたその時、夕立になった。暴徒らは、焼却を中断。その隙をついて仏教に篤い一部の島民らが夜間、大日如来像など一部の仏像を救出し、自宅の床下に隠したという。

太田保世『日本の屈折点』（ごま選書）では、海士町の教海寺に伝わる「流仏《ながれぼとけ》」について紹介している。島根県沿岸では、朝鮮半島から流れ着いたと思われる流仏が多数存在するが、「教海寺の流仏は、実際に流されたものではなく、破損され、あるいは焼かれて投棄（海中にも）された像が、心ある人々によって拾い上げられたか、風雪のなかを生き残ったと考えるべき」と解説している。

路傍の石仏などは首を刎ねられ、井戸などに投げ入れられた。現在、隠岐国分寺の境内の一角に、こうした石仏が集められている。また、路傍に転がる地蔵はどれも首が刎ねられた跡があり、見るも無残な姿である。

隠岐の廃仏運動は他地域にも増して、強固に推し進められた。島民が不退転の決意で廃仏を実施したことは一八七一（明治四）年一月にしたためられた血判状に見ることができる。これは、島民が仏教から神道への改宗を誓ったものだ。

今般宗門御改革に相成《あいなり》、産土《うぶすな》神社之帳付ニ相成候上ハ、向後只管《ひたすら》産神を尊敬可仕《つかまつるべく》候、且《かつ》又葬法祭儀等御規定之通、堅相守可申候《かたくあいまもりもうすべく》、若《もし》違背仕候ハヽ、可奉蒙《こうむりたてまつるべく》神罰者也、仍而《よって》誓旨血判仕処如件《つかまつるところくだんのごとし》、

明治四辛未年正月

勘次郎（血判）

作吉（同）
金兵衛母親せい（同）（以下省略）

隠岐では破却された寺院の梵鐘や銅鑼などの金属類は売却され、その資金は学制発布に伴う学校設立のために使われたという。

廃仏毀釈の嵐が収まるのは一八七三（明治六）年のことである。比較的仏教に篤かった島前では廃仏前の六〇％にあたる二二カ寺が復興しているのにたいし、正義党の勢力下であった島後では復興寺院が二六％（一八カ寺）に留まっている（『日本の屈折点』）。

船着場に「脱走僧侶は打殺す」

新潟県佐渡も激烈な廃仏毀釈に見舞われた。佐渡における廃仏の推進者は越後府権判事、奥平謙輔という役人であった。

奥平は長州藩士の出である。長州藩の名門藩校明倫館に学び、次第に攘夷思想に凝り固まっていったという。一八六三（文久三）年には下関戦争に参加。一八六八（慶応四）年の戊辰戦争には討幕軍（干城隊）の参謀として加わり、会津や越後へと転戦した強者である。後には前原一誠とともに萩の乱を起こした。

奥平は同年、佐渡に渡り、権判事として島で権力をふるった。権判事の職を辞して佐渡を去る一八六九（明治二）年八月までの、わずか一年ほどの間で佐渡における寺院の破却を徹底的に推し進めていった。

一八九二（明治二五）年に佐渡の真宗大谷派満行寺住職がまとめた『佐渡廃寺始末』には、奥平は島内寺院五〇〇カ寺以上（実際には五三九カ寺）を八〇カ寺に統廃合せよと命じた、と記されている。

その際、島民感情や土地の現況などを一切顧みず、情け容赦なく、断行していったという。廃仏の機運が高まってきた頃の緊張感ある島の状況が、『佐渡廃寺始末』に伝えられている。ある真宗寺院では、宗祖親鸞の報恩感謝の法要「報恩講」の最中に、「近々廃寺命令が下る」という噂が流れ、大混乱になったという。仮に住職が廃寺を固辞した場合は、大砲で寺を焼き払われるなどとの噂も流れた。廃寺に備えて、仏像や具足（燭台などの仏具）を片付け始めた、などの記述がある。

奥平は仏教に関する様々な習俗も禁じていった。そこには説法の禁止や、神葬祭への切り替え（火葬禁止）、念仏講や地蔵講などの結社の禁止といった禁則が事細かく盛り込まれた。だが、佐渡は冬場は豪雪となる。この土葬命令には、島民は困惑し、後に願書を出している。

佐渡は親鸞が流された越後に近いこともあり、島内寺院の大部分を浄土真宗系が占めていた。先の松本藩の記述で真宗僧侶の抵抗を描いたが、ここ佐渡でも真宗の結束は固く、僧侶たちは激しい抵抗を見せた。『神々の明治維新』では、廃寺には渋々従ったものの、還俗を拒む真宗僧侶は少なくなかったとしている。

また、寺院の統廃合の際には、寺と門徒との約定書がつくられた。約定書には一旦は存続寺院の門徒になることを認めつつ、廃仏が終息した後の再興時には、門徒は元の寺院に戻ることなどが取り決められた。

佐渡では廃仏命令の際、島の船着場に「脱走僧侶は打殺す」という物騒な触書きが出されている。だが、島の僧侶が団結して、京都の総本山の東西本願寺や智積院に訴え出て、本山から朝廷へ請願がなされている。

その結果、一方的に廃仏毀釈は禁止する旨の布達があり、一八六九（明治二）年八月には奥平の罷免が伝えられたという。奥平が佐渡から去り、翌一八七〇（明治三）年には五五カ寺に対して、再興の許可が出された。現在、佐渡における寺院数は二八〇。他宗の寺院は失われたままであったのに対し、真宗寺院の多くは再建を果たしているという。

「神の島」の廃仏

離島の廃仏毀釈で変わった事例といえば、琵琶湖北部に浮かぶ竹生島《ちくぶ》がある。竹生島は古来「神の島」と呼ばれ、中世以降は神仏習合の聖地となった。しかし、明治初期、ひとりの役人が竹生島に入り、島の寺院に対して、厳しく廃寺を迫った。

竹生島（都久夫須麻《つくぶすま》）神社は、広島の厳島神社、江島《えのしま》神社の弁財天と並び、日本三大弁財天として知られる。弁財天は仏教における守護神天部のひとつであり、別当の宝厳寺《ほうごんじ》が管理する体制になっていた。竹生島は典型的な神仏習合の島であった。

しかし、一八六九（明治二）年、大津県庁より田中久兵衛という役人が島に遣わされ、神仏分離を迫ってきたという。都久夫須麻神社として改称するようにとのことだった。

『神佛分離史料』には、田中が宝厳寺の塔頭であった妙覚院の住職覚以に、無理難題を押し付け、改称を迫る様子が記されている。

「『延喜式（平安時代の律令の施行細則）』には都久夫須麻神社の記載がある。しかし、そうした届出はこれまで一切出ていない。したがって、島（弁財天社）の縁起の証拠を示すように。もし、抗弁するようなら朝敵同様とみなす。（慶応四年に起きた）日吉大社の仏像仏具が焼き捨てられたのと同様の事態になるかもしれない。県庁からのお達しを素直に受けなければどうなることか。そのところをよく考えよ」（意訳）

寺院側は激しい抵抗を見せたものの、結局、竹生島では宝厳寺と竹生島神社の習合状態を明確に分けることになった。弁財天像は宝厳寺の本尊として祀られ、竹生島神社の神体は宝厳寺宝物の中から二つが選ばれ、神殿に祀られた。さらに常行院の住職覚潮が還俗、生島常之進と改名し、神主になったという。

こうして竹生島は強引に神仏分離が成し遂げられたかのように見えた。しかしながら、現在、竹生島に渡れば、宝厳寺と竹生島神社が渡り廊下（舟廊下、重要文化財）で繋がっているのを見ることができる。社僧らのわずかな抵抗の証であろう。

第六章　伊勢神宮と仏教の関係　――伊勢

天皇行幸から大混乱に

伊勢の廃仏とは、他の地域の廃仏とは大きく異なっている。その特徴は、一八六九（明治二）年に実施された明治天皇の伊勢神宮参拝に端を発し、極めてスピーディーに、連鎖的に実行されていった点にある。

そもそも伊勢の神域では仏教忌避色が強かったが、その一方で、神仏習合の側面も持っていた。だが、国策としての神仏分離が始まると、日本を代表する〝神域〟でもあるこの地に仏教寺院が存在するのはまずいとされ、地元の行政府である度会府《わたらい》が「天皇行幸の目障りになるから寺を壊せ」と命じたのだ。

そこから、伊勢の仏教界の大混乱が始まる。京都の本山を通じてロビイ活動をして、お取り潰しを回避した寺院もあったが、多くの寺院が壊された。廃絶になった寺の中には、伊勢の神宮ゆかりの巨大寺院も含まれていた。

その名を、「菩提山《ぼだいせん》神宮寺」という。神宮の裏手にあった幻の古代寺院である。筆者は、神宮が、かつて神仏習合していた跡を訪ねた。

古代寺院の数奇な運命

二〇一三（平成二五）年、八年の歳月とおよそ五五〇億円の費用をかけた一連の式年遷宮が幕を閉じた。しかし、神宮境内はいつも賑々《にぎにぎ》しい。伊勢の神宮（内宮）へとつながる参道「おはらい町」は、取材に訪れた新年、参拝客でごったがえしていた。神宮界隈の喧騒を抜け、清流五十鈴川右岸に沿って五分ほど歩いた。そこはちょうど内宮の裏手にそびえる朝熊《あさま》山麓にあたる。神宮の杜は木々が鬱蒼《うっそう》と生い茂り、嘘のように静まり返っている。

辺りを見回しても寺院建造物らしきものは見つからない。登山道もない山林に分け入ると、苔むした石垣が取り囲み、段々畑のような形状の平地が広がっているのが分かる。さながら、山城の跡のようである。しかし、調査・保存などがなされた痕跡もない。土石流に飲まれ、崩れてしまっている箇所もある。

さらに急峻な斜面を登る。山肌の一角に多数の大きな墓石が立ち並ぶ墓地跡があった。卵塔（無縫塔《むほうとう》）と呼ばれる、卵型の墓を中心に五〇基ばかり。近くには二カ所の墓地があり、そこでは三八基の墓がさらに確認された。

卵塔は僧侶専用の特殊な墓だ。倒れて、土に埋もれている墓、割れた墓、人為的に首が刎ねられたと思しき観音像も見つけることができた。墓誌を見ると多くが江戸時代のもの

菩提山神宮寺跡に転がる墓、石仏など

である。

卵塔の存在は、それだけの数の住職がこの寺を継承してきたことを証明している。五〇基以上の卵塔が一カ所に集まっている寺院は、全国的にもそうあるものではない。墓地跡を見るだけでも大規模かつ、相当な歴史を有する名刹《めいさつ》であったことを示している。もはや誰ひとりとして墓参に訪れることのない、哀しき墓跡でもあった。

菩提山神宮寺――。

江戸時代の『伊勢参宮名所図会』は、堂々たる大伽《が》藍《らん》を要する神宮寺と、寺の盛衰の様子を伝えている。それによれば、神宮寺は七四四（天平一六）年、聖武天皇の勅願によって行基が開いたとある。奈良の大仏建立の詔《みことのり》が発せられた翌年のことだ。神宮寺は奈良の東大寺や興福寺などと並ぶ古代寺院であった。

名所図会と、現況とを照らし合わせてみる。

冒頭で記した石垣は、方丈があった場所のようだ。神宮寺は、最盛期には金堂、大師堂、多宝塔、経蔵などの七堂伽藍を有する大寺院であったと推定できる。だが、弘長年間（一二六一～一二六四年）に火事で焼失。五〇〇年間ほど廃墟になっていたが、一七六〇（宝暦一〇）年に阿闍梨《あじやり》尊隆によって、再建されたという。

地元三重県伊賀市出身の俳人松尾芭蕉（一六四四～一六九四年）も二度、再建前の神宮寺を訪れ、句を詠んでいる。

此山の　かなしさ告よ　野老掘《ところほり》（このあたりの山芋掘りの人なら知っているだろう。神宮寺がなぜこんな有様になってしまったのか。私に教えて欲しい）

一八世紀に再建され、再び巨大寺院として威光を放った神宮寺。だが、そのわずか一〇〇年後の一八六九（明治二）年、再度、消滅の憂き目に遭う。現在は筆者が現地で確認した石垣と歴代住職の墓を残すほか、何も残っていない。

天皇として初めて参拝

明治新政府による神仏分離の通達を受け、神道の頂点に君臨する神宮のお膝元である伊勢の地でも、度会府によって神仏分離政策が推し進められることになる。

その廃仏毀釈が本格化するきっかけは明治天皇の神宮行幸であった。

実は、明治天皇は歴代で初めて伊勢の神宮に参拝した天皇であった。天皇自身が神宮に足を向けてこなかった理由は、諸説ある。

ひとつの説が八咫鏡《やたのかがみ》にまつわるエピソードだ。第一〇代崇神《すじん》天皇の時代に疫病が大流行する。それを神鏡の祟りと恐れた崇神天皇は、それまで宮中で祀っていた八咫鏡を外へ出すことを決めたという。大和や伊賀、近江、美濃など諸国を転々とした後、最終的には第一一代垂仁天皇の時代に伊勢・内宮の地に落ち着いた。そこに社を建てて祀ったのが伊勢神宮の始まりである。八咫鏡は本体が神宮に、形代《かたしろ》が皇居に鎮座する。したがって、崇神天皇以降、八咫鏡は畏れ多き存在として天皇が近寄ることはしなかったというのが、天皇が神宮を参拝しなかったひとつの説である。

明治天皇の神宮への行幸。それは明治の新時代を迎えるにあたって、極めて象徴的な出来事であった。

伊勢市に通称・御幸通りと呼ばれる道路がある。現在、御幸通りは外宮と内宮を結ぶ神宮参拝の基幹道路となっているが、明治天皇の行幸の際に使用されたことでそう呼ばれるようになった。行幸に伴い、度会府より次のような御触れが出された。

今般　行幸　御参拝被遊《あそばされ》候ニ付
神領中ニ山道ニ有之《これあり》候仏閣仏像等　尽《ことごとく》取払可申、尚向後宇治山田町家ニおゐて、仏書仏具等商売致候儀不相成《あいならず》候、此段郡市末々迄不洩《もらさぬ》様相達《あいたつし》候事
二月　度会府

明治天皇の行幸は一八六九（明治二）年三月七日に京都御所を出立、一一日に伊勢に到着し、一三日に伊勢から京都に戻る予定で計画された。それに先立ち、度会府の知事橋本實梁《さねやな》が、伊勢の神域（宮川から神宮までの領域で「川内」という）に存在する寺院の撤去、仏教に関する商売の中止命令を通達したのである。

この通達により、伊勢の廃仏毀釈の幕が上がる。

その内容は次の通りである。川内の神域において、一切の仏式の葬式を廃止し、神葬祭にすること。また、住職にたいしては檀家総代と連署して「廃寺願書」を出し、復正《ふくしょう》（還《げん》俗《ぞく》）するよう迫った。

御幸通りから見える寺院については、特に強い圧力がかかった。にわかに始まった廃仏毀釈の動きに、地元仏教界は大いに戸惑った。が一方で、有力な神社に取り立ててもらえる好機とみる僧侶も少なからずいた、とする向きもある。

京都にある浄土宗総本山知恩院の日記『知恩院日鑑』慶応四年閏《うるう》四月二〇日には、当時の伊勢の浄土宗寺院からの懇願が、次のように記されている。

「このたび明治維新になったので、神領内の寺院について、特に伊勢神宮近辺の参宮道の道筋にあたる一八の寺院は取り潰すよう御勅使が知恩院に出向して、連絡するようにとのことであるので、何分ともとり潰しにならぬよう配慮してほしい」

つまり、伊勢の末寺が本山知恩院に対し、「お取り潰しにならないように、本山の方から当局に働きかけてほしい」とのニュアンスである。

京都の本山から度会府当局への懇願により、板塀や陣幕で境内を目隠しし、御幸通りから見えなくする策を講じ、廃寺を免れた一部の寺院もあったという。しかし、一八六八

（明治元）年一一月から翌一八六九（明治二）年三月までのわずか四カ月間で、伊勢の一九六カ寺が廃寺となった。これは宇治山田に存在した寺院のうち四分の三が整理されたことになるという。

内宮の参拝時に見つけやすい廃寺が、おはらい町にある旧慶光院であろう。普段は門が固く閉ざされているが、参道からかつての寺院建築の様式を確認することができる。慶光院は、もとは尼寺で、住職は神宮の勧進職を務めた時期があったという。しかし、一八六九（明治二）年に入って、廃寺処分になり、その後は神宮司庁の所有となり、元の伽藍に唐破風を建て増しし、現在は、神宮の祭主職舎になっている。

現在、旧慶光院前には往時を知るための看板などは何もない。普段は内部に入ることはできないが、毎年秋には一般公開している。

僧侶のための「かつら」店

なかでも菩提山神宮寺は、天皇行幸に際し、絶対に残してはならない存在であった。なぜなら伊勢の神域では、有史以来、建前としては仏教をタブー視していたものの、実態としては平安期以降、神仏は混淆状態にあり、明治新政府はこのあやふやな状態を看過することはできなかったからである。

まず、建前である仏教忌避に関して、いくつかのエピソードがある。

中世、僧侶が神宮参拝する際には、神前（正殿）までは赴けず、五十鈴川のほとりに造られた僧尼遥拝所から参拝することを命じられていた。どうしても僧侶が五十鈴川を渡って内宮敷地内に入る必要性がある場合は、「付髪（かつら）」を被らなければならなかった。そのための付髪店が伊勢には存在したという。

この神仏の区別は、伊勢以外の日本各地における神仏混淆形態から見ると、異質と言える。なぜなら、江戸時代までは別当寺と呼ばれる寺院を神社境内に置き、神社を支配する形態が通例だったからである。

しかし、伊勢神宮が厳格に仏教忌避を貫いていたのは、あくまでも祭祀に関することが中心だった。むしろ神宮寺と伊勢の神宮とは極めて密接な関係にあったと言える。

神宮寺とは、一般的には神社の中につくられた寺院という「形態」を指すものだが、伊勢の神宮寺は固有の寺院名として使用されてきた。また、江戸時代まで神宮周辺には、神宮寺のほかにも多数の寺院が建立された。先述の旧慶光院しかりである。

なんと、神宮の祭主である祠官自身が氏寺を抱え、仏教に帰依していたとされている。

そうした寺院では「法楽」と呼ばれる神前読経を行なっていた。祠官の臨終の際には出家し、僧侶が念仏を唱える、という臨終行儀の慣習もあった。

伊勢と隣接する玉城町の真言宗田宮寺は、内宮の禰宜《ねぎ》を世襲していた荒木田一族の氏寺であった。田宮寺の由緒書きには、「境内には皇大神宮（内宮）の古御船代《みふなしろ》を奉安した御船殿跡があり、神宮との深いつながりを物語る」とある。御船代とは、八咫鏡を納める御《み》樋代《ひしろ》を収納する容器のことである。

また荒木田一族は田宮寺のほかにも、宝泉寺、天覚寺といった法楽寺を建立している。同じく神宮祠官、大中臣永頼は正暦《しょうりやく》年間（九九〇〜九九五年）に、蓮台寺を氏寺として建立している。蓮台寺の名前は、伊勢の特産「蓮台寺柿」でも知られるが、廃仏毀釈によって一八六九（明治二）年に廃寺になった。

さらに、神宮の背後にそびえる霊山、朝熊山山麓にある金剛證寺を訪れれば、やはり神宮との密接な関係をみてとることができる。

金剛證寺は臨済宗南禅寺派の大寺院であり、神宮の鬼門を守る古刹だ。一連の神宮参詣においても、欠かせない聖地となっている。

金剛證寺の前庭には雨宝堂と呼ばれる小堂が建っている。ここでは、神仏習合の形態を示す雨宝童子を祀《まつ》っている。本地垂迹説《ほんじすいじやく》によれば、雨宝童子は大日如来の化身である天照大御神が一六歳の時、日向国に降り立った時の姿とされている。雨宝童子は金剛宝棒を右手に、宝珠を左手に持ち、頭上に五輪塔を載せるユニークな姿をしている。

また、金剛證寺の最奥部には「奥の院」と呼ばれる「他界」が存在する。金剛證寺奥の院は、高野山奥之院とも比べられる、聖域中の聖域である。しかし、高野山奥之院が苔むした墓石群の世界観を示すのにたいし、ここ金剛證寺奥の院に林立するのは卒塔婆《そとば》である。もっとも大きい卒塔婆で五メートルほどもある。参道の両脇に沿って卒塔婆が迫るように立ち並び、この世とも思えない情景をつくっている。これは朝熊山に卒塔婆を突き立てることで、亡き人の菩提を弔うものである。

伊勢では、人の魂は死後、朝熊山に向かうとされる「山中他界」の考え方が根強く残っている。そもそも山中他界は神道的な要素が強い。しかし、金剛證寺では神道的世界の中に、仏教の象徴である卒塔婆をもって追善供養するというならわしを取り入れている。朝熊山界隈では、伊勢の神仏習合の古態を見ることができる。

このように、伊勢の神宮神域では江戸時代まで仏教色を排しつつも、多くの部分では神仏習合形態が続けられてきたのだ。ところが折しも、明治維新がやってくるのである。

先述のように、神宮寺は真っ先に廃寺処分となった。伽藍や五十鈴川の参道に掛けられた橋は撤去され、深山幽谷に帰すこととなった。仏像や什物《じゅうぶつ》は売られていったという。

漬物商人の〝大救出作戦〟

実は、神宮寺由来の仏像、什物の多くが現在も伊勢市外に残されていると聞き、筆者はその痕跡を求めて歩いた。

まず、伊勢市内から車で一時間。南伊勢町を訪れた。南伊勢町は、人口に占める六五歳以上の割合（高齢化率）は四九・一％（全国平均二六・六％、二〇一五年時点）を占め、二〇一〇（平成二二）年から二〇一五（平成二七）年までの人口増減率はマイナス一三・五％（全国平均マイナス〇・七五％）という、将来的に存続が危ぶまれる過疎の自治体である。その一角に、奈屋浦という漁村がある。

ここ奈屋浦の照泉寺には、神宮寺が抱えた五つの塔頭《たっちゅう》のひとつ、浄土宗称往院にあった法然・善導の両大師像が一八六九（明治二）年に移転された。称往院は冒頭に記した放置された墓地のあたりに存在した寺院だ。

両大師像は一七一二（正徳二）年につくられ、二尺七寸（約八二センチ）ほどの大きな

照泉寺の大師像の蓮華座の裏に記された廃仏毀釈の覚書

像である。現在、両大師像は照泉寺の脇侍仏として祀られている。蓮華座から像を外し、蓮台上部に刻まれている「称往院」の文字を見せてもらうと、今は存在しない幻の寺院、称往院の仏像であることが、筆者の目で確認できた。

また蓮華座の裏には、以下のような墨書も見つかった。

「勢州山田宇治中村菩提山称往院之什宝《じゅうほう》安置也　雖然《しかりといえども》　明治二年巳初春従《より》地頭所依廃寺廃仏之厳命有之而寄附于照泉寺什宝也」

つまり、菩提山神宮寺の塔頭称往院に安置されていた両大師像が廃仏毀釈の厳命によって、ここ照泉寺に移されたとの覚書である。

当時の住職は「廃寺廃仏」と記し、具体的に廃仏毀釈の事柄に触れている。

現存する神宮寺由来の諸仏は、なにも照泉寺に移された法然・善導両大師像だけではない。相当数の仏像や什物が廃仏運動の際に神域外へと、〝避難〟していたのだ。

興味深いことに、ひとりの漬物商が船を使って〝大救出作戦〟を決行し、六〇体もの仏像が廃棄を免れたという逸話が残っている。

その漬物商は、角谷《すみや》大十という。角谷は三河国の港町・大浜で茄子の辛子漬けなどの漬物屋を営み、近隣諸国に行商に赴き、財を成した豪商である。

筆者はこの角谷大十の足跡を辿るため、伊勢の北の対岸、愛知県知多半島の付け根に位置する碧南市音羽町大浜地区に足を延ばした。

名古屋からはJRで刈谷駅へと向かい、ローカル線の名鉄三河線に乗り換えて終点の碧南駅で降りる。そこは埋立地に造られた工業地帯と、昔ながらの漁村が並存する地域であった。集落に入ると、その一角に寺町を形成している大浜集落がある。

さほど大きくはない大浜集落には、寺院が一〇もある。宗派に偏りはあまり見られない。浄土宗が三、真宗大谷派二、曹洞宗二、信貴山真言宗一、時宗一、浄土宗西山深草《せいざんふかくさ》派一である。いずれの寺院も極めて規模が大きい。

そのうちのひとつ、時宗称名寺は徳川家康が幼少期を過ごしたことで知られる。一五世住職其阿は家康の父松平広忠の甥にあたる人物で、彼こそが家康の幼名「竹千代」と命名したという。明智光秀によるクーデター、本能寺の変の直後には家康は、伊賀を越えて逃亡し、伊勢湾から三河湾に入ってこの大浜に逃げ込んだという逸話も残っている。

江戸時代はこの一帯は、酒や醤油、みりん、味噌の蔵元など裕福な商家が立ち並んでいたという。角谷もまた、漬物によって富を得たムラの有力者であった。

大浜の港は三河湾の穏やかな海に面し、また江戸と大坂の中間点にあるため、海運の一大要衝としても栄えた。そのため地域全体が裕福で、中でも巨富を得た檀家総代を中心にして寺を支えた。

寺は海運や漁に従事する者にたいし、航海の安全を祈る祈願寺としての役割を担った。ムラの多くの寺が、本山かと見紛うほどの大伽藍を擁しているのは、そうした恵まれた寺檀関係があったからである。中には檀家二〇〇〇軒を超える大寺院もあるという。

港から延びる運河脇に、浄土宗西山深草派の海徳寺がある。

実はこの海徳寺の檀家総代を代々務めてきたのが、角谷一族であった。通りを挟んで海徳寺の真向かいには江戸期からの屋敷と蔵が残っている。そこがまさに、四〇年ほど前まで営業していたという漬物屋「角谷大十商店」であった。現在、店の軒先は木戸で塞がれているが、そこはかとなく往時を偲ばせる風情がある。

角谷は一八六八（明治元）年、伊勢に近い松阪に行商に訪れていた。そこでにわかに、伊勢で廃仏毀釈の嵐が吹き荒れているとの噂を耳にする。角谷は伊勢に駆けつけ、廃寺寸前の状況を目にし、大いに嘆いたという。そして、当地で集金した二〇〇両を投じ、廃寺によって宙に浮いた伊勢の仏像を片っ端から、購入していったのだ。

角谷が購入したのは、菩提山神宮寺の本尊、毘盧遮那仏《びるしやなぶつ》（木造阿弥陀如来坐像）を筆頭に、仁王像、十一面観音像、不動明王像、毘沙門天立像など、六十数体にも及んだという。同時に角谷は菩提寺海徳寺二二世寂空を呼び寄せて、船を出し、約五〇キロ離れた大浜の地へと、次々と移していったのである。

大浜港から延びる運河を使えば海徳寺に横付けできる。角谷と寂空は像高二七八センチにもなる木造阿弥陀如来坐像をなんとか海徳寺本堂に運び入れることができた。本堂の扉と内陣の柱間の隙間、ギリギリに入るほどの大きさであった。

これにより、海徳寺も歴史的な転換を迎えることになる。もともと鎮座していた阿弥陀如来立像（高さ九三センチ）は、本尊の座を神宮寺の大仏に譲ることになったのだ。

現在、この阿弥陀如来坐像は「大浜大仏」の名称で地域に定着し、市民から親しまれ、すっかり三河の顔になっている。大浜大仏は光背まで入れると七メートルにもなる（光背は移転の後に付けた）。全身金箔が施され、温和な表情が特徴である。

　三重県文化財保護指導委員を務め、神宮寺の調査に関わってきた浄土宗観音寺住職の藤田直信によれば、大浜大仏は、国内に現存する木造阿弥陀如来坐像の中では、京都・平等院鳳凰堂のものと並んで国内最大規模を誇るという。

「角谷大十が、たまたま伊勢方面に行商に来ていて購入資金を持っていたこと、また角谷自身が篤志家であったことなどの偶然がなければ、ひょっとして日本の貴重な文化財の多くが遺棄されていた可能性がありますね。そういう意味で角谷の功績は大きいと思います」（藤田）

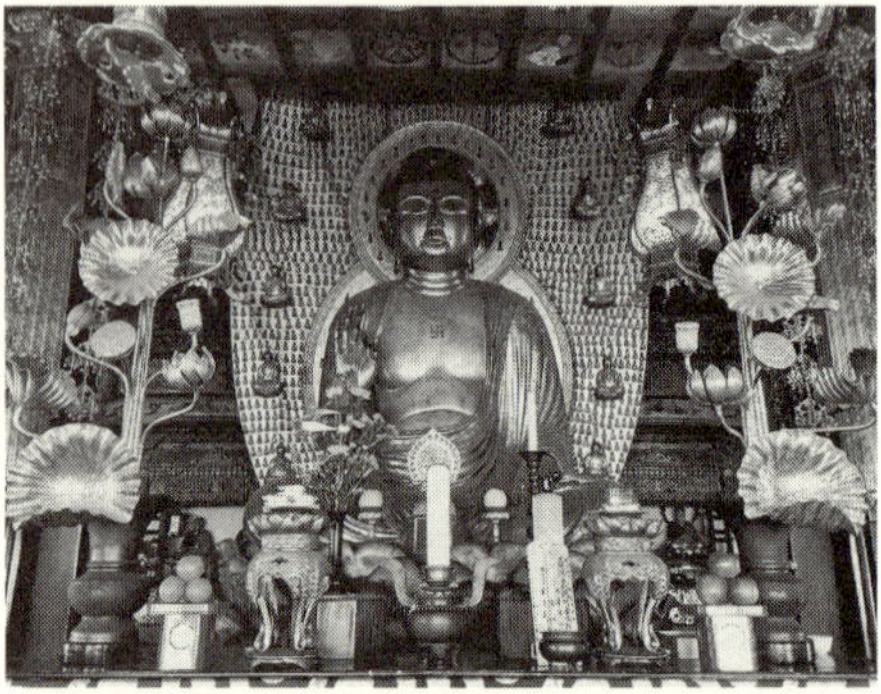

伊勢から運ばれた海徳寺の「大浜大仏」

　大浜大仏は二〇〇三（平成一五）年に国の重要文化財に指定された。これと同時に、高さ二二二センチにもなる金剛力士像（一対）や「菩提山」と揮毫《きごう》された扁額も、海徳寺に納められた。

伊勢から大浜への仏像・什物の移動作業は数カ月の歳月を要し、伊勢の廃仏毀釈の翌年一八六九（明治二）年四月に全ての移転、安置が終わったという。

海徳寺に納められたのは大浜大仏と二体の金剛力士像の計三体、扁額などの什物三つであった。また、海徳寺に隣接する角谷の私寺、一行庵に木造不動明王像（碧南市指定有形文化財）、木造毘沙門天立像（同）など一六体が安置された。

残りのおよそ四〇体の仏像は、角谷が檀家に配ったという。

海徳寺の前住職神谷得祐は言う。

「お盆の棚経に檀家さんの家に行くと、寺院に祀られてもいいような古い立派な仏像があったり、仏壇に納めきれずに、わざわざ仏間をつくって仏像を祀っている。これらは当時、〝海を渡ってきた仏像たち〟の一角と見られます」

海を渡った円空仏

さて、話の舞台は大浜の海徳寺だけで終わらない。角谷が積み込んだ仏像群の中に異色の仏像一体が紛れ込み、別の寺院に流れていたのだ。

それは、巨大な「円空仏」である。

円空とは一六三二（寛永九）年、美濃国生まれの遊行僧。天才仏師としても知られた存在だ。円空は、全国を渡り歩きながら各地で「木っ端仏」と呼ばれる一刀彫りの仏像を制作した。円空は、生涯で一二万体もの仏像を彫ったとされている。現存する円空仏はおよそ五〇〇〇体である。その造形はシンプルかつ、力強さにあふれ、全国の仏像ファンを魅了して止まない。

この円空仏は伊勢からやってきた、ということだけで神宮寺由来のものかどうかは不明である。現在、海徳寺から車で一〇分の距離にある西尾市の、尼僧寺院浄名寺の観音堂に安置されている。観音堂に鎮座する円空仏はいつでも見られるようになっている。

数多ある円空仏の中でも二番目の大きさを誇り、高さ二七〇センチにもなる観音菩薩像である。一六七四（延宝二）年作とみられる。観音菩薩像は、原木の楠の形状に合わせ、顔面から肩にかけてのラインが実に柔らかい。

この観音菩薩を彫り上げた円空は同時期、他の複数の伊勢の寺院にも仏像を納めている。伊勢市内に現存するのは四体のみであるが、廃仏毀釈以前にはかなりの円空仏が伊勢に存在したと思われる。

再び三重県に戻り、滋賀県境にも近い菰野町《こものちょう》にも、伊勢から移された円空仏があった。近鉄の線路脇にある、真宗大谷派明福寺《みょうふくじ》を訪ねた。明福寺には、外宮の禰宜家の氏寺であった常明寺に納められていた円空仏が移されたという。

この円空仏は、円空の作品の中で唯一の両面仏だ。阿弥陀如来と薬師如来が背中合わせに彫られている。一六六センチと円空仏の中ではかなり大ぶりである。保存状態はあまりよくはないが、見るものを黙らせる霊力のようなものがひしひしと伝わってくる。両面仏は、一九九九（平成一一）年に開催されたベルギーの国立民族博物館の展覧会に出展され、「神秘的な微笑の仏像」として大いに注目を浴びたという。

常明寺は当時、神宮寺に比肩するほどの大寺院であったが、一八六八（明治元）年に廃寺となった。この両面仏も薪《たきぎ》にされそうになったが、当時の明福寺住職の弟大正が、生家の明福寺に持ち帰ったという。

「帰神隊」の結成

ここまで伊勢における神仏習合の歴史と、廃仏毀釈の様子について描いてきた。ここからは、廃仏毀釈に伴って、僧侶がどのような処遇を受けたかを説明したい。意外なことに伊勢では多くの僧侶が、すすんで復正（還俗）していた実態があったのだ。

一九三五（昭和一〇）年に辻善之助は「廃仏毀釈」の中でこう紹介している。

「廃寺を願い還俗する者は、身分は士族に取り立て、且其寺院に属する堂塔等の建造物及び什器は、悉《ことごと》くみな其の住僧に帰せしむ、もし猶予する者は、近く廃寺の令出る時、すべての建物器物等官歿《かんぼつ》（没収）すべしと言い渡した。かくて、各宗僧侶は多く廃寺願書を差し出した。各宗の寺の中で、相当の寺田を有するものは、別に檀家なくとも維持が出来るところから、廃寺願を差し出さず、中にはまた圧迫に堪えかねて、他国に出奔したものもあり……」

この文書からは、度会府当局者によるアメとムチの使い分けによって、早期に廃仏毀釈を完結させようとしたことがありありと感じられる。

しかし、アメ政策が過剰な復正を招いたことも事実のようだ。度会府は、神仏判然令があくまでも神仏を分離するための施策であり、みだらに復正しないようにとの伝達を一八六八（明治元）年のうちに行っている。

「神仏混淆不致《いたさぬ》様先達テ御布令有之候得共《これありそうらえども》、破仏之御趣意ニハ決テ《けっして》無之《これなき》処、僧分ニ於テ妄ニ復飾之儀願出候者往々有之不謂《いわれぬ》事ニ候、若《しか》モ他ニ伎芸有之国家ニ益スル儀ニテ還俗致度《いたしたき》事ニ候得ハ其能御取調之上御聞届モ可有之候得共《これあるべくそうらえども》、仏門ニテ蓄髪《ちくはつ》致シ候儀ハ不相成《あいならず》候間、心得違《こころえちがい》無之様御沙汰之事」

しかしながら、翌一八六九（明治二）年正月になって復正願を提出する僧侶が続出。同年二月までに一七二名が復正した。復正者は、居住地と田畑を支給され、度会府の兵隊に採用され、「帰神隊」を組織した。

廃仏毀釈による僧侶の復正の影響を受けた寺院を取材した。

伊勢の隣町、松阪市大石の蓮浄寺だ。蓮浄寺は浄土宗寺院だが、一部、真宗門徒が混在する。その割合は浄土宗檀家二に対し真宗門徒は一である。浄土宗寺院に、真宗門徒が混じっているのは江戸時代、一向一揆を封じ込めるための当局による分断支配の影響だと思われる。

松阪では当初、大々的な廃仏毀釈は免れていたが、元紀州藩士舟橋広賢が神職になり、この地に移住してきたことで状況が悪化した。舟橋は仏式の葬式から神葬祭への転換を大々的に推し進めた。蓮浄寺は完全廃寺を免れたものの、観音堂は取り壊され、柱などは焚き木になってしまったという。しかし、幸運なことに阿弥陀三尊、観音菩薩三十三観音はある真宗門徒によって護られた。

折しも一八七四（明治七）年ごろ、蓮浄寺では弟子による住職の跡目争いが勃発していたことが混乱に拍車をかけた。廃仏毀釈と内部混乱によって、一〇〇軒あった蓮浄寺の檀家は寺を去っていった。

無住状態で、廃寺も免れぬ状態に陥った蓮浄寺を救ったのが、伊勢の大泉寺住職、吉水禅住だった。吉水自身、廃仏毀釈によって自坊が廃寺になり、復正し、閑居していた。大泉寺の本堂は解体され、愛知県豊田市の行福寺に五〇〇両で売却。この時の譲り渡し状には「元大泉寺　大泉一郎」という、取って付けたような還俗名が書かれている。

辛酸を舐めていた吉水だが、縁あって、蓮浄寺再建に白羽の矢が立ったのだ。

蓮浄寺住職の堤康雄は話す。

「吉水上人は、廃仏で自坊を壊され、強制還俗させられたことにたいする相当な悔しさを心に抱いて、うちの寺にやってきたのではないか。だからこそ、蓮浄寺の住職に招聘《しょうへい》されてからは、水を得た魚のように寺院の復興に尽力していくのです」

一八七六（明治九）年頃にもなると、蓮浄寺の檀家の多くが戻ってきた。

吉水は一八八三（明治一六）年に遷化《せんげ》（高僧が他界すること）。蓮浄寺の記録には、「重大の功績あるを以て当山中興開山と仰ぎ永世別て回顧可有之者也」と記されている。

地名まで変わった

次に、神仏分離政策によって、伊勢の地名が変更された事例を紹介していきたい。

伊勢では一八六八（明治元）年一一月、多数の地名を改称する旨の通達が出される。同年一〇月二四日の『度会府宛、上中之地蔵町中村側年寄等差出』にはこのように書かれている。

「上中之地蔵町両側年寄奉申上《もうしあげたてまつり》候、当町上中之地蔵町と申《もうす》町名ニ御座候《ござそうろう》処、神都ニ仏名相用《あいもちい》候義如何敷《いかがわしく》奉存《ぞんじたてまつり》候ニ付向後《こうご》桜町と改名仕度《つかまつりたく》奉存候間、何卒右願之通　御聞済被為成下《なされくださり》候ハ、一同難有《ありがたく》奉存候、依而《よって》此段奉願上候」

ここでは、「地蔵町」などの仏教的な地名は、神の国である新しい日本にはそぐわないので「桜町」に名称変更がなされたことが書かれている。「上中之地蔵町」は内宮と外宮をつなぐ参道にあった地蔵院周辺地域を指す。

同様に「吹上町随慶院世古→鷺山路」「岩淵町正寿院世古→玉之小路」「岡本町字坊ノ世古→新北側」「田中々世古町奥ノ坊→奥ノ辻」「全町字経蔵→萩ノ辻」といった風に、仏教的地名が新地名に変えられていく。

「御師」の廃絶

最後に、伊勢における廃仏毀釈が、広く伊勢の信仰にも影響を与えたことに触れておきたい。

神宮は有史以来、地元伊勢のみならず全国から参詣者を集め、発展してきたことは申すまでもない。伊勢信仰の広がりは、神宮での様々な祭祀の際に京都から遣わされた勅使らやお供の人々が、都に戻った際、神宮のことを口伝で広め、憧れを募らせていったことに起因する。

こうした、伊勢信仰を下支えしていたのが「御師」と呼ばれた人々であった。御師は「おし」と呼ばれることが多いが、ここ伊勢では伝統的に「おんし」と読む。

御師は自らの邸宅に伊勢参りの客を宿泊させ、神宮の案内人を務めるほか、伊勢暦や御祓大麻（神札）の配布を行った。同時に病気平癒などの祈禱や、自宅での御神楽の奉納などの宗教行為もやった。つまりは、ツアーコンダクターと宗教的職能者としての役割を併せ持った集団でもあった。

御師は全国に「檀家」を持った。この檀家を常連客とすることで収入の安定を図っていたのである。江戸時代には御師二〇〇〇人余が活動し、御師邸（宿）は外宮近辺だけで六〇〇軒あったとされる。『外宮師職壇方家数改帳』には御師の檀家が全国に四二一万八五八四軒あると記されている。

現在に至る伊勢ブランド構築の最大の立役者が御師であった。幕末期は、当時の人口およそ三〇〇〇万人に対して、三〇〇万人程度が伊勢に参詣したとも伝えられており、ある意味、御師が伊勢の経済を支えていたと言える。

だが、一八七一（明治四）年、新政府は神仏分離政策の一環として、神宮の改革に伴う御師制度の廃止を通達。当時、神仏分離政策によって、祈禱を手掛ける僧侶や修験道の山伏は、神仏の要素が混淆しているとして排除されていた。御師もまた、祈禱や神楽などを手掛ける民間の宗教的職能者であったために、廃絶になったと考えられる。御師の文化はここで途絶えてしまった。

現在、伊勢市内には、一軒のみ御師邸が現存し、当時の様子をわずかに伝えている。

伊勢市観光振興課によれば、廃仏毀釈後の明治期、伊勢の参拝者数は一五〇万人程度で推移していたという。江戸期の三〇〇万人から大幅に減少しているのは、御師の消滅との因果関係があったと考えて差し支えないだろう。廃仏政策が、伊勢神宮にまでマイナスの影響を与えてしまったのである。

第七章　新首都の神仏分離――東京

芝公園も青山霊園も神仏分離で造られた

明治天皇が京都御所を離れ、東京城（江戸城）に入ったのが一八六九（明治二）年三月二八日のことであった。明治天皇はそのまま京都に戻ることはなく、その後、新政府の政治機能が東京に移された。この時、正式な遷都の詔《みことのり》は発せられることはなかったが、実質的に首都は東京になった。

では、新首都における神仏分離はいかなるものだったのだろうか。実は、東京では鹿児島や松本のような激しい破壊行為は起きなかったというのが、大方の見方である。首都東京においては、むしろ政策面での神仏分離、仏教の弱体化が強く推し進められた。

その舞台となった名刹《めいさつ》が浄土宗の大本山増上寺だ。

新政府は国民意識の統一を狙い、広く神道の教化に乗り出す。一八七〇（明治三）年には大教宣布の詔書を発布し、神道プロパガンダを推し進めていく。

そして、一八七三（明治六）年には増上寺に大教院が設置された。大教院とは敬神愛国の理念などを民衆に教化させるための、宗教者と民間人が参加した人材育成機関である。

大教院には神殿も設けられた。大教院設置はそれまで常に仏教が神道の上に位置付けられていた状態からの一八〇度の大転換を、人々に強く意識させるものとなった。新しい日本はあくまでも「神主仏従」であった。

また、増上寺は同時期、寺社領を召し上げる上知令によって、寺領を大幅に減らしている。増上寺は徳川家の菩提寺であり、維新政府から見れば前時代の遺物であった。江戸時代の増上寺の寺領は、現在の東京プリンスホテル、港区役所まで広がっていたが、境内地の大部分が召し上げられている。そうしてできたのが、現在の芝公園である。

上知令が出された別の理由としては、廃藩置県に伴ってこれまで寺社領を管轄していた領主が不在となり、法的根拠が失われたことや、地租改正によって寺社からも地租（現在の固定資産税）を徴収する目的があったとされる。

また、東京ではそれまで仏式でやっていた葬式を神葬祭に切り替える政策が大々的に実施された。実は、青山霊園は廃仏毀釈の産物である。

神葬祭の場合は土葬で埋葬するのが通例であったため、広大な敷地を必要とした。そのための墓地として、東京都内に整備されたのが港区にある都立青山霊園だったのである。明治初期には神葬祭用墓地として、青山霊園の他にも雑司ケ谷、谷中などの九カ所の公営霊園が整備された。

しかし、公衆衛生上の問題や、人口の急激な増加による墓地用地の確保などの問題が生じたために、一八七五（明治八）年には火葬が解禁になった。その後、土葬を伴う神葬祭は激減し、現在でも神葬祭メインでやっている地域は先述の宮崎市や岐阜・東白川村などに限られる。

寺院と神社が隣り合わせ

次に、東京都内における個々の宗教施設の再編を見ていきたい。東京の寺院では神仏分離は実施されたが、激しい廃仏毀釈はほとんど見られなかった。

それは東京西部、多摩地方の寺社分布を見ればよく分かる。例えば三鷹市、調布市、府中市などの地図を見れば、寺院と神社が隣り合わせになっていることが多い。これは、元は同じ神仏習合施設だったのが、神仏分離政策によって寺院と神社に境内地が切り分けられた結果である。

それは新政府にとって、理想的な分離政策であったと言える。実は、日本のおおかたの地域はこのように、粛々と神仏が切り分けられるに留まり、大衆の暴動には至らなかったのである。

筆者は〝ゆるやかな〟神仏分離が実施された多摩東部（調布市、狛江市、府中市、三鷹市）をメインに寺院の調査を実施した。

東京都調布市。新宿から二〇分ほどとは思えないほど緑豊かで静かな場所である。近年、都市の再開発がめまぐるしい。

しかしながら駅から五分も歩けば、そこは田舎の村の風情を漂わせる。調布市東部には太古の多摩川が削った崖線（ハケ）が横切り、湧水がふんだんに染み出て、ところどころ遊水池をつくっている。戦後は、田畑の多くは住宅地に、畦道は生活道路に置き換わったが、今でも古くからの寺社仏閣が残る。畑の隅に、古い石仏が静かに座っているのを目にすると、信仰に篤い土地柄であったことがうかがえる。

江戸時代は寺檀制度の下、ムラには一寺一社が置かれることになった。たいていは寺院と神社はある程度離れているが、多摩東部ではぴたりと寄り添うように隣接している。

調布市のいくつかの寺社で、関係者に聞き込みをしたが、ほとんど当時のことを知る関係者はいない。「廃仏毀釈？　うちの寺は関係ないでしょ」と適当に返事されるのがオチであった。

もっともである。明治初期、寺院はまだ世襲制ではなかった。住職の世襲が始まるのは一八七二（明治五）年、「肉食妻帯蓄髪等勝手なるべく事」との太政官布告以降のことである。そのため、寺族（住職の家族）で「証言」が受け継がれていないのだ。

調布市の中心、国領地区に入り、甲州街道沿いに、一寺一社が隣り合わせにあるのが確認できた。

常性寺と國領神社である。國領神社の縁起によれば、薬師如来の守護神である十二神将の六番目の第六天神を祀った第六天社がおこりという。常性寺（当時の名称は薬師寺）は、第六天社の別当寺であった。

本地垂迹説《ほんじすいじやく》では、神道の神々の正体（本地）は、実は仏が衆生を救うための化身（仮の姿）であるとする。これは「〇〇権現」という言葉でも表現される。本地垂迹説の広まりによって、寺院と神社がより密に共存するようになっていく。特に真言宗と天台宗の寺院では、神道と強い融合を示した。

日本における寺院と神社の形態は次の三つに分けられる。

① 寺院と神社が単独で存在する
② 寺院の中に神社がある

③　神社の中に寺院がある

江戸時代までは宗教施設の中で、別当と宮司の二人がいるというケースが見られた。宗教的地位は、本地垂迹説に基づけば、その権限は別当（住職）のほうが宮司よりも上である。常性寺と國領神社との関係も同様だ。國領神社を支配していたのは、別当である常性寺の住職であった。

ところが一八六九（明治二）年、「神仏分離につき常性寺除地《じょち》（年貢が免除された境内地）の分割」が発せられ、國領神社が分離した（『小林良三家文書』）。國領神社は一八七一（明治四）年の太政官布告で等級化された近代社格制度によって、村社の格付けになった。

現在、常性寺の境内を見回しても仏像破壊などの廃仏毀釈の痕跡は見つからない。常性寺境内には江戸期の庚申塚《こうしんづか》や道祖神などが数多く残されており、保存状態はよい。破壊行為はなかったのか。

國領神社の宮司、野澤靖明は話す。

「この辺りでは神社の氏子のメンバーと、寺院の檀家が一緒でしたから、自分達の寺を破壊することはしなかったのでしょう。国の神仏分離の方針に従って、粛々と寺と神社を切り分け、その他には大きな混乱はなかったようです。一つの土地を二つに切っただけなので、古い神社と寺院同士は、隣接していることが多いのです」

近くに神社がない寺院の多くは、神仏が完全に分離された明治以降に移転してきた。野澤が言うように、寺院と神社が隣接する例が多摩東部には多数見られる。

國領神社の宮司が神職を兼務している糟嶺《かすみね》神社（仙川地区）もそうだ。現在、隣接する寺院の明照院がかつての別当であった。

一九世紀に編まれた『新編武蔵風土記稿』は次のように伝えている。

「村内の鎮守なり、本社南向、続に三尺五寸四方、神体木の立像にて束帯《そくたい》（公家の正装）なり。本地十一面観音は明照院の境内に置《おけ》り」

神仏分離令後は、高所に糟嶺神社、低所に明照院が切り分けられて配置され、現在に至る。

続けて、狛江市岩戸南にある天台宗明静院を訪れた。深大寺の末寺であるが、路地を隔てて岩戸八幡神社が鎮座する。現在、明静院には正住職がおり、岩戸八幡神社は無住になっている。

『新狛江市史』を紐解けば、明治初期の寺社の分離の方法について興味深いことを述べている。

「朱印地・除地あるいはその地の氏神大社の場合、別当は必ず神主になるべきだが、小社の場合は別当を他の神職や村方に任せた」

わかりやすく言えばこうだ。別当寺の境内にある神社が大規模であったならば、別当寺は神社にした上で、住職は宮司に職を変えよ。仮に境内社が小規模であったならば寺院と神社を切り分けた上で、神社には新たに宮司を迎え入れよ――。

明静院の場合、境内社の規模が小さかったため寺院は存続した。切り分けられた境内社は岩戸八幡神社との名称になり、地域の神社の宮司が兼務する形をとった。

一方で、明静院から約五〇〇メートルほど離れたところに、地域屈指の規模を誇る氷川神社がある。氷川神社の別当は天台宗・禱善寺という寺院であった。しかし、禱善寺が檀家寺でなかったこと、氷川神社が地域の中心的大社（後に村社の上位にあたる郷社扱い）であったことから神社のほうを存続させ、禱善寺を廃寺にした。

例えば、天台宗で見れば、別格本山・深大寺《じんだいじ》の末寺が多摩川流域を中心に四〇カ寺ほど

モルタルで首を接着された金龍寺の石仏

存在しているが、そのうち直末寺《じきまつじ》の二七カ寺を例に見てみると、二四カ寺が神社と分離する形で存続。廃寺になったのは禱善寺を含め三カ寺であった。

　多摩地域では、お上の通達に従って、粛々と神と仏を分離した。しかし、葬送儀礼を担う寺院は、地域住民にとってみれば生活に欠かせない存在であったために、多くの檀家寺は存続した。可能な限り、寺社の両方を存続させる努力をしたことをうかがわせるのが、多摩地域の隣接する寺社なのである。

　そうは言っても、多少の破壊行為はあったようだ。多摩地方に点在する石仏の一部に破壊の痕跡が確認できた。一部、過激な下級武士や地域住民の手によるものと考えられる。

　調布市つつじヶ丘、甲州街道沿いの曹洞宗・金龍寺の門をくぐった。金龍寺は建永年間（一二〇六〜一二〇七年）に創建され、旧金子村一帯を占める大寺院であった。ここに不可解な石仏を一体見つけることができた。

　一六六四（寛文四）年に建造された石仏の首と光背に切断された跡があり、モルタルで接着されている。腕も欠損している。地震などで倒れ、割れたとは考えにくい。

金龍寺を出て甲州街道沿いに三〇〇メートル離れた場所でも、痛々しい石仏が置かれていた。「妙円地蔵」という名で親しまれている地蔵菩薩立像だ。妙円地蔵は、両眼を失明した女性が尼になって妙円を名乗り、地域の人々から浄財を受けて一八〇五（文化二）年にこの地に建立したものだ。妙円は念仏三昧の日々を送り、村人に頼まれてこの地蔵の前で加持祈禱を行ない、その効果は覿面《てきめん》であったと伝えられている。だが、この妙円地蔵も首がもがれた形跡がある。一九八七（昭和六二）年、頭部が失われて放置された地蔵を、あまりにも痛々しいと嘆いた地域の有志が新たに頭部をこしらえたのだという。

筆者は旧金子村界隈を歩き、江戸期以前の石仏の約二割ほどで人為的な破損の形跡が確認できた。

深大寺の神仏分離

本山に相当する大規模な寺院では少し、事情が異なる。

調布駅からバスで約一五分、「深大寺そば」でも知られる古刹深大寺。二〇一七（平成二九）年、「座った仏像」として有名な釈迦如来像（白鳳仏）が、新たに国宝に指定されたことでも話題になった。深大寺は天台宗の別格本山に位置づけられている。

深大寺の創設の歴史は、天平時代に遡る。「深大」との名称は、水神であり、疫病を取り除き、魔事を遠ざける力を持つとされる深沙《じんじゃ》大王に由来する。満功上人が七三三（天平五）年、この地に堂を建てて深沙大王を祀ったのが起源だ。深沙大王は大般若経の守護神であり、修験道では霊神として崇められている。

一八六八（慶応四）年、神仏分離令が出されると、最も打撃を受けたのがこの深沙堂であった。当時、深沙堂は深大寺村の鎮守社だった。鎮守社とは寺や村を守るための神社であり、深大寺も神仏習合色の強い寺院であったことが窺える。

しかし、神仏分離令が出されるや、深沙堂の鳥居は撤去され、鎮守社としての機能は失われた。鎮守社の機能は、深大寺から二〇〇メートル離れた青渭《あおい》神社に移された。深沙堂内には深沙大王像が祀られていたが、これは「仏像」と見なされて、境内の大師堂に移された。ほどなく深沙堂は朽廃したという。

神仏分離の機運も衰え、四半世紀以上が経過した一九〇七（明治四〇）年。村人は堂跡に「旧鎮守深沙大王堂跡記念碑」を建立した。そこには、以下のように経緯が記された。

「明治初年、基《もとにおいて》於神仏混淆禁止、以《もつて》青渭神社為鎮守、深沙大王帰於廃堂、於是《これにおいて》移。其尊体安置於深大寺大師堂。爾来《じらい》物変星移、堂宇腐朽」

深大寺周辺ではさらにもうひとつ、神仏分離の影響を見ることができる。それが、深大寺に隣接する調布市立深大寺小学校の存在である。実は深大寺小学校は、深大寺の塔頭寺院であった多聞院を廃寺にしてつくられた小学校だ。

神仏分離の波が収まらぬ一八七二（明治五）年、学制が発布される。国家の近代化を図る上で、学校制度の整備は急務であった。学校を新規に建設するための予算に乏しかった深大寺村にとって、檀家を抱えない多聞院は伽藍を学校に転用するに好都合であった。そして翌一八七三（明治六）年、多聞院の跡地に弘道学舎が完成する。

一八九九（明治三二）年につくられた深大寺尋常高等小学校の「学校沿革史編さん資料」には開校当時のことが記されている。

「明治五年頒布ノ学制ニ基《もとづ》キ時ノ戸長富沢松之助氏及ビ学校世話役浅田種蔵氏等村内有志ト謀《はか》リ深大寺、佐須、柴崎ヲ以テ一区トナシ旧来ノ寺小屋ヲ廃シ一ノ学校ヲ設立

セント欲ス　草創ニ際シ適当ノ家屋ナキヲ以テ浮岳山深大寺ノ末寺多聞院ヲ借リテ校舎トナシ茨城県士族伊王野儀之助氏ヲ聘《しょう》シテ教師トシ同五年六月始メテ開校シ弘道学舎ト称ス」（明治五年に学制が発布され、地域の戸長〈いまの町村長〉や世話役らと相談した結果、深大寺・佐須・柴崎にあった寺子屋を廃止して代わりに学校をつくった。この弘道学舎〈＝深大寺小学校〉は最初は適当な建物がなかったため、深大寺の末寺であった多聞院を借りて校舎とした）

つまりは、神仏分離の社会潮流と、近代教育の名目の両方を満たすため、寺院が学校に転用されたのである。

寺領から国有林となった高尾山

二〇〇七（平成一九）年、ミシュランガイドで最高ランクの三つ星の観光地に選定されたことで、近年、人気が高まっている景勝地、高尾山。ここも神仏分離の影響を受けていた。高尾山の中腹に、真言宗智山派の薬王院がある。七四四（天平一六）年、聖武天皇の勅令によって薬師如来を祀って開山したと伝えられている。一八五五（安政二）年に描かれた『武州高尾山境内全図』を見れば、境内に社殿である飯《い》縄《づな》権現社と、仏殿である薬師堂、大日堂、護摩堂などが混在しているのが分かる。

飯縄権現社という名称からも分かるように、高尾山は神仏習合していた。飯縄権現は、信濃国の飯縄山における山岳信仰から生まれ、剣を持った烏天狗が白狐に乗った姿で表現されている。高尾山は山岳信仰に基づく修験道の修行道場でもある。日本古来の神道は、偶像崇拝はしない。しかし、江戸時代までは飯縄権現社の社殿の「本尊（本地仏）」として、飯縄権現が祀られていた。高尾山にも別当がいた。

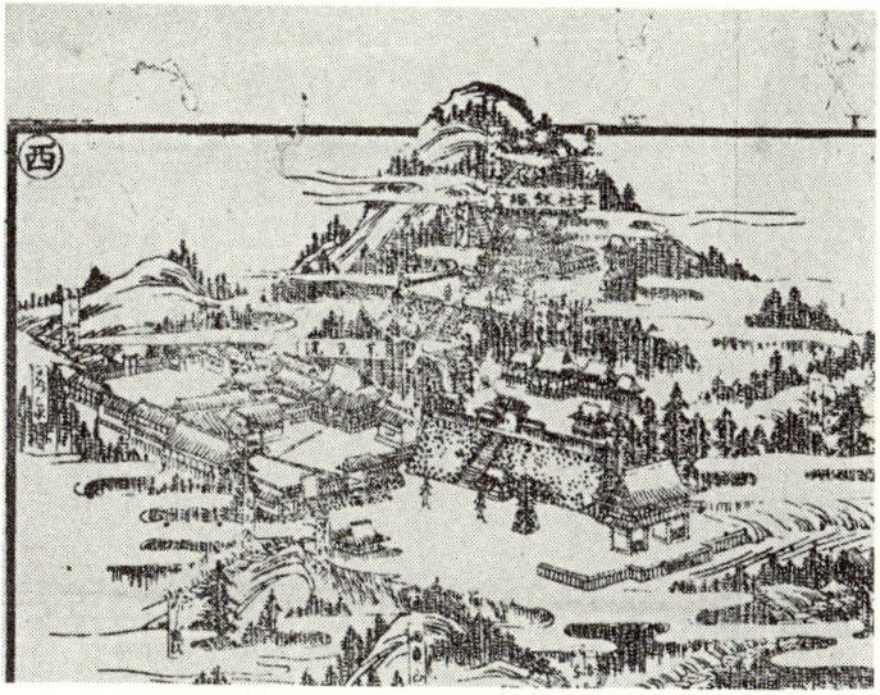

『武州高尾山境内全図』（安政二年）

　だがそれも明治初期まで。薬王院の縁起によれば一八七〇（明治三）年、当時の住職である高尾秀融は二つの大鳥居を一夜で押し倒し、その後に一対の石灯籠を建立したという。高尾山は強引に神道色を払拭し、純然たる仏教寺院として生き残る道を選択したのだ。

　なぜ、これほど別当は焦って鳥居を壊したのか。それは、特に神仏混淆色が強い修験道の聖地であったからに他ならないだろう。修験道は、他の仏教教団とは違って、仏教と神道が強く融合しているため、政府からの圧力が特に激しかった。一八七二(明治五)年には、修験道廃止令が出された。

場合によっては、伽藍や仏像破壊の憂き目に遭う可能性もあったため、別当は率先して神社のほうを潰しにかかったと推測できる。

廃仏毀釈を未然に防いだかのように見えた高尾山。しかし、今度は寺社の土地を召しあげる上知令が公布されると、寺領七二〇余町歩のうち、境内地一〇町歩を残して没収され、高尾山の大部分は国有林になってしまった。

第八章　破壊された古都　――奈良、京都

焚き火にされた天平の仏像

奈良の廃仏毀釈のキーワードは「文化財破壊」である。奈良における廃仏毀釈の波は、東大寺や法隆寺、薬師寺、西大寺、唐招提寺などにも及び、多くの貴重な仏像が焼かれ、そして国内外に流出した。

とくに激烈を極めたのが、冒頭でも少しふれた興福寺であった。興福寺といえば、国宝や重要文化財の宝庫のように思われているが、廃仏毀釈で相当な量の宝物、文化財が毀損された。後述するように、奈良のシンボル、シカまでが廃仏毀釈のターゲットにされたのである。

興福寺は現在、境内面積二万五〇〇〇坪を有する巨大寺院である。しかし、宝暦年間（一七五一～一七六四年）に描かれた「春日興福寺境内図」を見れば、その境内規模は現在の数倍はあったと推定できる。現在の奈良国立博物館、奈良県庁、奈良地方裁判所、奈良ホテルは、みな、もとの興福寺の寺領に建てられているのだ。

戦国時代から江戸時代にかけては、興福寺・春日大社合一の知行地（支配権が及んだ土地）は二万一〇〇〇余石と定められた。当時、興福寺は大乗院・一乗院を筆頭に、末寺計一〇七寺を抱えていた（圭室文雄『神仏分離』）。

興福寺は、歴史的に春日大社と縁が深かった。平安時代、本地垂迹説《ほんじすいじゃく》に基づき、興福寺は春日大社を支配下に収めている。鎌倉時代に入ると、大和国の守護の任に当たるなど、興福寺の権限はさらに強大なものになっていった。

ところが一八六八（慶応四）年四月七日、大和国鎮撫《ちんぶ》総督府より春日大社における権現などの神号の廃止命令が下る。折しも六日前の四月一日、奈良からも近い滋賀の日吉大社で神官たちによる暴動が勃発し、仏像や仏典などが燃やされるなどの大規模な廃仏毀釈が起きていた。興福寺にとって、日吉大社の廃仏毀釈は決して「対岸の火事」ではなく、「いつ何時《なんどき》自分たちも同じ目に遭うかもしれない」との恐怖を抱いていたに違いない。興福寺の見極めと対処は驚くほど素早かった。

四月一三日、塔頭《たっちゅう》の大乗院・一乗院が、連名で鎮撫総督宛に「復飾《ふくしょく》（還俗《げんぞく》）願い」を提出する。当局からの命令が出される前に、先手を打ったのである。

復飾願いの文言をみると、仏教者としての矜持がまったく感じられない、驚きの内容であった。そこにはこのように書かれている。

「歴史的に興福寺は春日大社と深い関係にあり、社殿の造営から儀式、管理にいたるまで差配してきました。とくに大乗院と一乗院は交替で別当職をつとめてきました。しかしながらこのたびの神仏分離の政府方針を受けて、率先して還俗することとします。そこで、改めて春日大社の神主として奉職させていただき、勤王の道を第一として、尽力させていただきたく――」(著者要約)

つまり、ほとんどの末寺を出し抜いて、この二院が独断で還俗の方針を決め、「お上には逆らわないので、神職としての地位を保証してほしい」と懇願したのだ。

この申し出に神祇局《じんぎ》は、還俗を許可するとともに、興福寺の僧侶にたいして「新宮司」の地位を与えた。そして、春日大社に納められていた仏具類は、すべて興福寺が引き取るよう命じ、完全に神仏を分離させたのである。

こうして興福寺から一三〇人すべての僧侶がいなくなり、広大な境内地と七堂伽藍だけが残された。問題は、興福寺のその後の処理であった。

多くの堂塔は破却処分となった。古老たちの談話や当時の史料などを集めた『漫談明治初年』によれば、金堂は警察の屯所《とんしょ》となり、冬場になると凍えるような堂内で警官たちは焚き火をして暖を取ったという。薪《たきぎ》がなくなれば、堂内に安置してあった天平時代の仏像を引きずり出し、あたかも薪割りのように仏像を割り裂いて火中にくべたというのである。

その中には貴重な千体仏も含まれていた。後年になって、焼却を免れた一部の千体仏が発見されたが、無残にも両手や足先、台座のないものが多く、暖炉にくべる薪の束のように数十体ずつにまとめて縛られていたという。焼かれずに済んだ一部の千体仏は、民間に流出し現在、藤田美術館（大阪市）やミホミュージアム（滋賀県）が所蔵している。

他にも興福寺の文化財の多くが、国内外へ流出した。たとえば快慶作の木造弥勒菩薩立像がボストン美術館に、乾漆《かんしつ》梵天・帝釈天立像がアジア美術館（サンフランシスコ）に、康円作の木造文殊菩薩・侍者像（重要文化財）が東京国立博物館に、定慶作の木造帝釈天立像が根津美術館（東京）に流れるなどした。美術館で開催される仏像展などで「興福寺伝」としながらも、別の美術館が保有していたり、個人蔵となっていたりするものは、廃仏毀釈をきっかけに流出した可能性が高い。これは、他の寺院の文化財においても同様である。

現在、興福寺に残る国宝仏は三二体、重要文化財は一七体である。だが、それらは廃仏の難を逃れ、同寺に残り続けることができた幸運なごく一部の仏像たちなのだ。教科書にも載っている阿修羅像（乾漆八部衆立像）や運慶が制作に関わったとされる無著《むじゃく》・世親《せしん》像などがそれに当たる（いずれも国宝）。しかし、それらの仏像も金堂内陣の片隅に、無造作に放置されていた。あまりに粗雑に扱われた結果、阿修羅像の腕二本が欠け落ちてしまったという説も伝えられている（廃仏毀釈との因果関係は検証されていない）。
燃料にできないような金属製の仏具は売り払われ、溶かされていった。

タダ同然で売り払われた五重塔

七三〇（天平二）年に光明皇后の発願によって建てられた五重塔（国宝）も破却されるところであった。現在の興福寺五重塔は五度の焼失を経て室町時代に再建されたものだ。高さ五〇メートル、京都・東寺（教王護国寺）の五重塔に次いで、国内では二番目に高い塔である。だが、規模が大きいために解体費用がかかるとのことで、民間に売却されることになった。その金額は二五円。当時の一円は現在の価値で二〇〇〇〜四〇〇〇円と推定できるから、最大でも一〇万円程度であろう。今では日本を代表する仏教建築物が、タダ同然の金額で売り払われたのである。

五重塔の買い手は、塔を護持するつもりなどはなく、塔に使われていた金属が目当てだったという。最初は塔の頂上に綱を掛けて、万力で引き倒そうとした。しかし、そんなことではビクともしない。そこで、火を放てば安易に金属を採取できると考えた買い手は、塔の周囲に柴を積んだ上で、近隣住民に「塔を焼くから、火元に気をつけよ」という知らせを出したという。

だが、この告知を出したことで、周辺に類焼する可能性があるとして、住民の反発を受けて頓挫した。結局、足場を組んで解体する費用などが捻出できなかったことで、五重塔はかろうじて破却を免れたのである。

一八七二（明治五）年には、興福寺の大方の境内地が上知された。翌一八七三（明治六）年には塔頭寺院を含めて、大方の建築物は打ちこわしになり、興福寺は事実上の廃寺となった。

二五円で売り払われた興福寺五重塔

その後、大乗院跡には奈良ホテルが建設され、また一乗院跡地には裁判所が建てられた。

一八七五（明治八）年、旧興福寺は西大寺の管理下に置かれた。嘆願により、興福寺の再興の許可が下りるのが一八八一（明治一四）年のことである。

奈良のシカがすき焼きに

廃仏毀釈による興福寺の衰退は、意外なところにも影響を与えた。興福寺周辺を住処にしているシカが難に遭っていた。

奈良公園には国の天然記念物のシカが現在も一二〇〇頭近く生息する。市街地にありながら、野生のシカが人間社会と共存している事例は極めて珍しい。かの地におけるシカの歴史を辿れば、少なくとも八世紀に遡る。『万葉集』ではシカの歌が詠まれている。

七六八（神護景雲二）年、この地に春日大社が創建された。その時、祭神である武甕《たけみか》槌命《づちのみこと》がシカに乗ってやってきたと伝えられ、以降、シカは神の使いであるとして手厚く保護されてきた。奈良のシカが人に慣れ、安全に暮らせているのは、春日大社という大樹に寄り添ってきたからなのである。

一般社団法人東京奈良県人会によれば、中世以降一〇〇〇年以上にわたって、およそ五〇〇～一〇〇〇頭のシカが保護され続けてきたという。その間、春日大社は神仏習合の時期が長かった。

鎌倉時代に描かれた「春日鹿曼荼羅」（奈良国立博物館蔵）のシカの描かれ方は、実に仏教的である。雲の上に神々しいシカがおり、その背中につき立てられた榊《さかき》の枝先に、五体の仏菩薩が浮かび上がっている。この仏菩薩は春日大社の祭神の本地仏という位置付けだ。つまり、奈良のシカは、「仏の使い」の要素のほうが濃かったといえよう。

シカは興福寺の広大な境内に野生し、興福寺もシカを手厚く保護した。興福寺や春日大社のシカにたいする神格化は著しく、時にシカを殺《あや》めた市民が死罪になることもあったという。

しかし、明治初期の廃仏毀釈によって興福寺が著しく荒廃すると、シカを保護する機運が失われた。第一代県令である四条隆平は、シカは神仏の使いであるとの迷信を払拭するため、シカ狩りを行った。シカはすき焼きにされて食べられ、一時期、絶滅の危機に瀕するほどに頭数を減らしたという。

送り火、地蔵盆も禁止

奈良と並ぶ宗教都市、京都。この京都でも神仏分離政策によって、多くの仏教行事が一時期、中止に追い込まれる事態となった。例えば「五山の送り火」や地蔵盆、盆踊りなども軒並み「仏教的だ」ということで禁止になっていた。

同時期、東京に都が移ったことで、京都の街は著しく衰退する。京都に活力を取り戻すべく近代化政策が推し進められていくが、そこにも多数の寺院の犠牲があった。例えば京都の中心に架かる四条大橋は京都の近代化における目玉事業だったが、そこには仏具が溶かされた鉄筋が使われたのである。

このように明治初期、京都は廃仏毀釈によって多くの仏教文化を失った。時間を一五〇年前に戻してみていきたい。

京都・鴨川に架かる四条大橋。例年八月一六日、橋の上はお盆の「五山の送り火」を鑑賞する浴衣姿の人々でごった返す。ここからは見通しがきくので、送り火鑑賞の名所になっているのだ。

お盆は先祖の霊をこの世に迎え、回向をする仏教行事だ。この時期、仏壇の前に精霊棚を設け、死者がこの世とあの世を往復するための乗り物「ナスの牛」や「キュウリの馬」を用意し、菩提寺の和尚を自宅に招き、仏壇の前で経を唱えてもらう。同時に、自分たちも墓詣りをする。そして、お盆の明けには「送り火」や「灯籠流し」をもって、ご先祖様をあの世に送り届けるのである。

京都におけるお盆のハイライトが、送り火だ。五つの山に「大文字」「左大文字」「妙・法」「船形」「鳥居形」が灯される。昔は四条大橋からは鳥居形以外の四山を鑑賞することができたというが、近年、ビルなどが立ち並び、送り火を一望するのは難しくなってきた。ちなみに筆者の自坊からは鳥居形が真正面に見える。その燃え盛る炎にのせ、先祖の魂は虚空へと舞い上がり、あの世に戻っていく。この時、コップに入れた水に送り火の炎を映して飲めば、無病息災が約束される、との言い伝えがある。

実は、この送り火の縁起については謎が多い。平安時代に空海が始めたとも、室町時代に足利義政が夭折した義尚の菩提を弔うために考案したとも言われている。江戸時代には「一」「蛇」「長刀」「い」「竿に鈴」など計十山で送り火が行われたというから、それは壮観だったに違いない。

送り火ひとつとっても、京都市民の仏事を大事にする心が伝わってくるようである。送り火の後、各町内では子供たちのお盆、「地蔵盆」という行事が催される。京都では伝統的に地蔵信仰が深く根付いている。路地を歩けば、地蔵を祀《まつ》った祠《ほこら》がすぐに見つかることだろう。

地蔵盆は町内会ごとの行事だ。お地蔵さんに化粧を施し、よだれかけを新しくし、地域の子供らが地蔵を囲む。そして、近隣の寺から和尚が呼ばれて、読経に合わせて数珠回しなどをやり、福引、スイカ割りなどのゲームも催される。地蔵盆は、宗教上の結社である「講」の一種だ。こうした講が、都市部の広範囲でずっと受け継がれてきているのである。

しかし、送り火にしても地蔵盆にしても、京都人が長きにわたって守り、今に伝わる仏教文化が一時期、失われたことがあった。一八七一（明治四）年一〇月、京都府は次のような府令を出す。

当府下町々の内《うち》従来大日・地蔵の像を置き、町中にて是を祭祀し無益に米銭を寄付し、時としてハ多人数集会参拝し無用に時日を費し、甚敷《はなはだしき》ハ軒役竈別《のきやくかまどべつ》ニ割り掛出金いたさせ、剰《あまつさえ》利生霊顕なとヽ唱へ、諸人之惑《まどい》を醸すこと奇怪之至り成、試ニ考よ、此儀霊顕利生之功徳ありて尊敬すへきものならは、如此《かくのごとき》路傍ニ麁略《そりやく》し置くへからす、又其在る所必しも無難繁栄なるにもあらす、其無き町必しも疲弊災難あるにもあらす、或ハ溝中ニ落ち塵芥《じんかい》中ニ倒れたるあれとも、是を顧るものなきにいたる、如此ハ必竟《ひつきよう》仏ニ狎《な》れて其威徳を瀆すに非《あらざ》れハ、邪説人を惑し世の妨《さまた》けを成すといふへき事なれは、自今停止候条、在来之堂祠偶像等早々取除可申事

但、堂祠其外売却相成ものハ、売払代料其組小学校へ相納置可申《あいおさめおきもうすべき》事
成ものハ、同断小学校へ取片付置可申事
右之趣諸町組江《へ》無洩《もれなく》相達《あいたつす》るもの也
辛未十月
京都府

この府令は、京都市内の各町内の路傍における地蔵や大日如来像などは無益で、怪しく、人を惑わすものであるから、早々に撤去するようにと命じたものである。仮に霊験あらたかな仏像であるならば、路傍に乱暴に置かずにきちんと祀るのがよかろう、と一方的な見解も示し、但し書きには、地蔵堂などは売却し、得た金銭は小学校に寄付せよとある。

実際、この府令によって京都市内の路傍の石像がかなり撤去されたようだ。当時二条城に火の見櫓を建設する際の台座は、地蔵を集めてつくられ、また、小学校の柱石に地蔵が使われるケースもあったという。

続けて、京都府は一八七二（明治五）年七月八日に以下のような布令を出している。

第百五十七号
従来之流弊《りゆうへい》（悪いならわし）七月十五日前後を以而《もつて》盂蘭盆会と称し、精霊迎・霊祭抔迚《なとゝて》、未だ熟せさる菓穀を采て仏ニ供し、腐敗し易き飲食を作而《つくりて》人ニ施し、或は送り火と号して無用之火を流し、或ハ川施餓鬼・六斎念仏・歌念仏なと無謂事共《いわれなきことども》を執行し、或は六道之迷を免る迚、堂塔ニ一夜を明し、又は千日之功徳ニ充るとて之か為に数里之歩を運ふ等畢竟悉く無稽之謬説《びゆうせつ》・付会之妄誕《もうたん》にして、且追々《かつおいおい》文明ニ進歩する児童之惑をも生《な》し候事ニ付、自今一切令停止候事
右之通管内無洩相達るもの也
壬申七月八日
京都府

かいつまんで言えば、以下のようになる。夏のむし暑いさなか、地蔵盆などで地域住民が集まって飲食しては、食中毒になりかねない。送り火と称して無駄な焚き火をし、ほかの仏事もまったく科学的根拠もない迷信だから今後は一切、禁止にする、という内容である。徹底した仏事への嫌悪を感じさせる布令である。

この布令によって五山の送り火、地蔵盆、盆踊りなどのお盆の諸行事が禁止に追い込まれたのだ。それどころか、正月の門松、施餓鬼、三月のひな祭り、五月の端午の節句、七月の七夕なども「仏教的な民間信仰」とのことで御法度《ごはっと》になったという。送り火の禁止措置は一八八二（明治一五）年まで続く。

しかし、京都の夏の一大イベント、送り火を禁止にするとはよっぽどのことである。どういう背景があったのであろうか。

たしかに送り火の場合、神仏混淆の要素が見られる。たとえば、右京区嵯峨鳥居本の曼荼羅山で灯される「鳥居形」。送り火は仏教行事のはずなのに、神社を象徴する鳥居が灯されるのである。明らかにこれは神仏が習合している。

鳥居形の送り火の由来については諸説ある。地元鳥居本は京都市内最高峰の愛宕山《あたごやま》（九二四メートル）へとつながる参道にあたる。曼荼羅山の麓には、愛宕神社へと続く「一の鳥居」があって、その一の鳥居を模したのではないかという説が有力である。

実際、愛宕神社自体が、江戸時代までは完全に神仏習合した宗教施設であった。京都の愛宕神社は全国に九〇〇を数える愛宕神社の総本宮である。創設は大宝年間（七〇一～七〇四年）で、修験道をはじめた役行者が開いたと伝えられている。七八一（天応元）年に勅命を受けた和気清麻呂が境内地に白雲寺を建立する。そして、神仏総じて「愛宕大権現」の名称で、神仏習合の修験道場になっていく。

江戸末期までには境内に勝地院、教学院、大善院、威徳院、福寿院などの坊が立ち並ぶ一大聖地となり、多くの社僧が住持した。東の比叡山延暦寺にたいして、西の愛宕山愛宕大権現といった位置づけであっただろう。

だが、神仏分離令が発布されるや、白雲寺をはじめとする神宮寺は軒並み廃寺処分になり、愛宕大権現は「愛宕神社」と名称を変えた。同時に、送り火も中止になった。

愛宕大権現には本地仏の勝軍地蔵が鎮座していた。だが、西京区大原野の天台宗金蔵寺に移され、同寺境内に愛宕大権現堂が新たに建立されて安置された。こうして愛宕山からは、一切の仏教色が排されたのだ。

明治維新時、京都では、仏教にたいする弾圧はまるで真綿で首を絞めるがごとくじわじわと、そして、断続的に断行されていったのである。

仏具が四条大橋に

四条大橋に話を戻そう。

八坂神社の社家記録によれば、四条大橋は一一四二（永治二）年、住人たちからの勧進（寄付）によって架けられた。以来、九〇〇年近く、四条大橋は京都の東西を結ぶ交通の要衝として機能してきた。数々の歴史を刻んできたこの四条大橋は、江戸時代までは木造の橋であった。

明治に入って、文明開化の名のもとに、京都最初の鉄橋として架設される計画が立てられる。その際の材料にされたのが、折しも廃仏毀釈によって壊された寺院の仏具類だった。京都において、仏閣は伝統文化そのものであり、観光の源泉とも言える存在であるはずだが、当時は新しい街づくりばかりが優先され、仏教寺院が犠牲になったのである。

四条大橋の架設事業の総工費は一万六八三〇円。一八七三（明治六）年に起工、翌年の三月には開通するというスピード工事だった。四条大橋の整備は京都の近代化政策の柱の一つに位置付けられていた。

四条大橋架橋工事のために仏具類が供出された事例としては、伏見区にある日蓮宗宝塔寺が犠牲になったとの記録がある。供出されたのは大鰐口《わにぐち》だった。大鰐口とは仏前参拝の折に、紐を引いて打ち鳴らす大きな鐘のこと。神社の場合は鈴だが、寺院では大鰐口という仏具である。

仏具が四条大橋の材料となった

宝塔寺の大鰐口は慶長年間に寄進されたもので一六貫八〇〇匁（約六三キロ）もあったという。この宝塔寺の大鰐口をはじめ、市内の寺院からは様々な金属製の什器《じゅうき》類が供出され、溶かされて橋の材料にされていった。

いっぽうで、四条大橋の南に架けられていた五条大橋もまた、廃仏毀釈の影響を多分に受けた。五条大橋は弁慶と牛若丸が出逢い、一戦を交えた逸話でも有名だ。洛中から清水寺への参詣や、伏見桃山城と禁裏とを結ぶ京の要路として機能した。

現在、五条大橋を眺めると高欄には立派な擬宝珠《ぎぼし》が並び、荘厳な景観をつくりだしている。擬宝珠とは、橋や寺院の欄干《らんかん》などの飾りとして付けられている金属装飾である。見た目は葱坊主のようであることから、「葱台《そうだい》」とも呼ばれる。

五条大橋の擬宝珠に刻まれた最も古い年号を見ると、一六四五（正保二）年の鋳造のものがある。この擬宝珠もまた、一八六八（明治元）年に、「仏教的」ということで、ことごとく撤去され、売却されてしまった。記録によれば、ある好事家は、手に入れた擬宝珠を自庭に置いて鑑賞したという。あろうことか五条大橋は、当局によって洋風のペンキで塗り替えられ、京都の風情を一変させた。

さすがにこの蛮行を京都人は黙っておらず、当局にたいして非難の声が高まったという。その結果、次の架け替えの時に元の姿に戻すことを前提に、擬宝珠の買い戻しがなされた。そして一八七七（明治一〇）年に旧観に戻したというが、二基が不明となってしまった。もとは一六基つけられていたというが、現在、欄干に取り付けられている擬宝珠は一四基である。

橋のほかにも、石塔婆などが道路の敷設に使われたり、市内に置かれていた石仏が踏み石にされたりした事例は数多い。

知事による近代化と伝統破壊

こうした京都における一連の廃仏毀釈を主導したのが当時、大参事であった槇村正直（第二代府知事）という人物だ。槇村は明治初期の衰退した京都の立て直しに尽力した立役者として市民からも高い評価を受けている。だが、同時に廃仏毀釈を推進させ、京都の伝統を壊すという二面性も持っていたのだ。

槇村は一八三四（天保五）年、長州藩士羽仁正純の二男として誕生する。のちに同藩士槇村満久の養子となる。槇村は維新政府を牽引した同郷の木戸孝允に仕えると、懐刀として重用され、京都府に出仕。みるみるポストを上りつめ、初代知事長谷信篤の時代には副知事に相当する大参事として、実務を取り仕切るようになっていく。

一八六四（元治元）年の禁門の変に続き、一八六八（慶応四）年には鳥羽・伏見の戦いが勃発。以降、新政府軍と幕府軍による戊辰戦争へと発展していく。一連の内乱によって京都の街の多くが、焼き払われた。

戦禍による混乱のさなか、京都に決定的なダメージを与えたのが、東京遷都であった。

一八六七（慶応三）年の大政奉還によって、一時は京都に維新政府の機能・権限が集中したかのように見えた。しかし、維新政府内部から遷都論が噴出する。殖産興業、富国強兵を推し進めるには京都の街の新規開拓の余地は限られていたし、幕府不在になった江戸の街を都として開発して行くほうが未来志向であり、現実的と思われたからだ。

折しも江戸城無血開城で主人不在となった江戸城に、当時一七歳だった明治天皇が入城したのが一八六八（明治元）年一〇月一三日のことであった。

明治天皇が御所に戻ってこないと見るや、京の町からは公家や商人らの大移動が始まる。当時、三五万人いた市の人口は二〇万人にまで激減した。とくに御所の公家町は廃墟状態になってしまったという。

一八七七（明治一〇）年、明治天皇が還幸《かんこう》した際、あまりの荒れ具合に嘆き、御所の再整備を命じたほどだった。現在の京都御所がかたちづくられたのは、この時である。

こうして「一〇〇〇年の都」は終焉した。そして同時に、「新しい京都」の模索が始まった。その先導を担ったのが槇村であった。

一八七〇（明治三）年、槇村は復興策でもある「京都府施政大綱」をまとめあげる。そこには五カ条からなる近代化政策が書かれているので紹介しよう。

一　京都市の全域を職業街とし、機械を使った産業を推進させること
二　遊休地を開墾し、地場の農産物の生産を盛んにさせること
三　水利を開き、道路を造成することで物流を増強させ、商業を盛んにさせること
四　職業訓練を推し進め、遊民を仕事に就かせること
五　常に海外の情報を取り入れ、市民の産業にたいする知見を高めること

こうした施策に基づき、槇村は以下のような具体的な政策を実現させている。

一八六九(明治二)年　小学校の開設(新政府による学制頒布より三年前倒し)
一八七〇(明治三)年　舎密局《せいみきょく》(理化学・工業技術の研究所)の開設
一八七一(明治四)年　勧業場(産業振興のための人材育成など)の開設
同　製革場(洋式の革製品の製造)を開設
同　京都博覧会の開催、博覧会の余興として「都をどり」を考案
一八七二(明治五)年　新京極通の造成
同　女紅場《にょこうば》(女子の教育機関。後の女学校)の開設
同　牧畜場(外国人教師による近代農学の実習など)の開設
一八七三(明治六)年　栽培試験場(桑や茶などの栽培、指導)の開設
同　鉄具製工場(舶来の機械を導入し、鉄管などを製作)の開設

京都再建が、いかに目まぐるしく実施されていったかがうかがえる。四条大橋の架け替

え工事には、おそらく一八七三（明治六）年の鉄具製工場の開設が関係しているだろう。前に紹介した宝塔寺の大鰐口もこの鉄具製工場に運ばれ、溶かされた可能性が高い。

槇村はこうした京都近代化政策を打ち立てるいっぽうで、粛々と京都の寺院の整理と仏具の没収、仏教に根ざした宗教行事の中止など様々な廃仏政策を推し進めていく。

京都の廃仏毀釈の動きの特徴として、他地域にくらべてかなり開始時期が早いことが挙げられる。それは王政復古の大号令、祭政一致、神祇官の再興の布告、神仏分離令などが、ここ京都に置かれた新政府にて発布されたから、という地政学上の理由もあっただろう。

また、槇村が生粋の京都人ではなく、長州人であったことも、廃仏毀釈の度合いを強めた原因になったと推測できよう。「よそ者」である槇村には、新しい京都の街づくりのためには、古き伝統を壊していくことへの躊躇《ちゅうちょ》がなかったと思われる。

八坂神社、北野天満宮は〝寺〟だった

槇村が手がけた市内の著名な寺社仏閣の廃仏毀釈の例を、ほかにもいくつか紹介しよう。

一八六八（慶応四）年三月二八日、神仏判然令が出されると、まず槇村が着手したのが、神仏習合していた祇園社感神院の再編であった。祇園社感神院とは、毎年七月の祇園祭で

も知られる現在の八坂神社のことである。

祇園社感神院は、元は興福寺の末寺であったが、のちに天台宗の勃興とともに延暦寺の別院となった。一八六四（元治元）年に編纂された『花洛名勝図会』を見れば、祇園社感神院境内は、本殿を中心として、多数の寺院建築物が点在しているのが確認でき、典型的な神仏習合型寺社であったことがわかる。

一八六八（慶応四）年五月三〇日、神祇官達によって神号の変更が命じられ、名称は「八坂神社」と改められた。「祇園社」との神社の名称部分だけでも存続できなかったのは、インドにおける釈迦由来の聖地、「祇園精舎」に似ているからという理由である。

祇園社感神院ではそれまで本地仏が薬師如来である「牛頭《ごず》天王」を祭神として祀っていたが、以降、御法度になった。この薬師如来、観音堂にあった十一面観音立像、夜叉神明王立像は五条の大蓮寺に移され、現在でも同寺に祀られている。また、鳥居に掛けられていた小野道風筆の「感神院」の扁額がおろされた。同時に奉仕していた社僧八人が還俗となった。

「学問の神様」「天神さん」の愛称で市民から親しまれている北野天満宮も、神仏分離のターゲットにされた神社であった。

北野天満宮は太宰府で没した菅原道真を祭神とし、九四七（天暦元）年に開かれた。境内には松梅院、徳勝院、妙蔵院など四〇以上の寺院が存在し、天台宗の社僧が奉仕した。本殿内陣にはかつて、十一面観音が鎮座しており、社僧が読経にいそしんでいた。拝殿の正面には大鰐口がぶら下がっていた。

だが、神仏分離令が発布されるや、北野天満宮の名称は「北野神社」と改称された。そして、境内の寺院建築物は壊された。多くの経典が納められていた輪蔵は撤去され、収蔵されていた一切経は近隣の千本釈迦堂に移されたという。

二層からなる多宝塔は実に立派なものだったが、解体され、その部材は売却されて四散した。塔内には大日如来立像が収められていて、こちらも散逸の危険にあったが、天満宮から約三〇〇メートル東側の浄土宗親縁寺の檀家総代が天満宮の社僧と懇意であったことから、同寺に引き取られて遷座することになった。親縁寺の本尊阿弥陀如来が祀られている須弥壇も、天満宮の多宝塔にあったもの。その証拠に須弥壇の金具を見れば、北野天満宮の神紋である「梅鉢紋」が配されているのが確認できる。

親縁寺住職の国枝利章によれば、そもそも親縁寺のものとは思えないような寺宝が他にもいくつかあるという。釈迦の修行中の姿を描いた仏画や、弁財天・大黒天などが納められた厨子などだ。

北野天満宮本殿に収められていた本地仏である十一面観音像（一対）は古美術商の手に渡り、木綿職人が買い受けた。その際、一体は溶かされて失われたが、祟りを怖れて、もう一体は東寺の塔頭・観智院に預けられたという。その後は、下京区の因幡薬師堂（平等寺）の観音堂に遷座し、現在に至る。

北野天満宮には鐘楼もあり、それは豊臣秀頼が寄進したものと伝えられる、同時代を代表する名建築だった。しかし、寺町四条にあった浄土宗大雲院に一〇〇両で売却、移設された。ちなみにこの鐘楼に吊るされた梵鐘は、祇園社感神院（八坂神社）にあったものが廃仏毀釈によって下ろされ、移されたものだ。こうして、北野天満宮にあった仏具、什物はことごとく破壊されるか、売却されるに至ったのである。

珍しいことだが廃仏毀釈に遭う前、北野天満宮本殿には、神社であるにもかかわらず仏《ぶっ》舎利《しゃり》が安置されていた。この仏舎利は菅原道真が天台座主から譲り受けたものと伝えられる。道真が常に襟にひっかけて持ち歩いていたことから、「菅公御襟懸守護の仏舎利」とも呼ばれていた。

しかし、いくらありがたい釈迦の遺骨といえども、新政府の神仏分離の方針に抗って、祀られ続けることはできなかった。天満宮から仏教色が一掃されつつあった一八六九（明治二）年一一月、京都・北方の山寺、常照皇寺の住職魯山が、仏舎利の撤去の噂を聞きつけて下山する。そして北野天満宮の宮司に面会し、七日間に渡って、仏舎利の譲渡を交渉したという。結果的には常照皇寺側が北野天満宮にたいして、二五〇両（現在の価格に換算すると約三二五〇万円）という大金を寄付することで、仏舎利を手に入れた。

石清水八幡宮や伏見稲荷大社などの神社でも、同様の破壊行為や改称が行われた。また、方広寺では鐘楼が壊され、「国家安康」「君臣豊楽」で知られる鐘が野ざらしになったほか、深草の即成就院《そくじょうじゅいん》などが打ち壊されて廃寺（のちに東山区で再建）の憂き目に逢っている。

京都ではそれまでがっちりと神と仏が融合していた宗教施設が多く、廃仏毀釈の事例をいちいち挙げていれば枚挙にいとまがないほどである。

激減した寺領

槇村府政による宗教弾圧の中でも、仏教界にとって最大の激震となったのは、やはり寺社領上知（地）、すなわち土地の召し上げだった。

一八六七（慶応三）年、大政奉還で天領（幕府直轄領）の大部分が、続いて一八六九

（明治二）年の版籍奉還によって、藩が所有していた土地（版）と人民（籍）が、新政府に奉還されていた。

だが、寺社領は版籍奉還によっても手がつけられず、広大な敷地を残したままであった。江戸時代まで寺社は、将軍（幕府）が発行する朱印状によって安堵された朱印地、ならびに、大名（藩）による黒印状によって安堵された黒印地の両方を有していた。朱印地・黒印地では、租税が免除されていた。そこに一八七一（明治四）年と一八七五（明治八）年の二度にわたって、寺社に対して、上知令が布告されたのである。

第一次上知令によって、境内を除くすべての領地と除地（免租地）が国に取り上げられた。また、第二次上知令では境内地も対象となり、境内の主たる領域を除いてすべて召し上げられた。

京都市が編集した『京都の歴史　七』などの資料によれば、著名な寺院領の減少は以下の通りである。

高台寺　九万五〇四七坪　↓　一万五五一五坪

因幡薬師堂　二七四三坪　↓　一七八七坪

清水寺　一五万六四六三坪　→一万三八八七坪
東本願寺　四万六六一四坪　→　一万八六〇〇坪
相国寺　七万坪　→　二万七〇〇〇坪
大徳寺　六万九〇〇〇坪　→　二万四〇〇〇坪
鞍馬寺　三五万七〇〇〇坪　→　二万四〇〇〇坪
鹿苑寺（金閣）　七二万坪　→　二七万坪
知恩院　六万坪　→　四万四〇〇〇坪
建仁寺　五万四〇〇〇坪　→　二万四〇〇〇坪

これによると、上知前と後では、寺社領が数分の一にまで減少していることがわかる。清水寺に至っては一〇分の一以下にまで境内地を減らした。二度にわたる上知令によって、市内の寺院は経済的にも計り知れない打撃を受けたのである。

『京都の歴史』では、「この二回の上知令によって大きな打撃を受けたのは、神社よりは寺院であり、なかでも朱黒印地や除地を多くもっていた天台・真言・臨済・時宗・浄土の寺院でその傾向は著しく、また概して土地への依存度が低かった日蓮・曹洞・真宗の寺院の打撃は、前者に比べると少なかった」と述べられている。

新京極通は上知令で誕生した

神仏分離政策、そして上知令により、膨大な寺社領が召し上げられたことで、京都はその景観を一変させていく。

その一例が、新京極通の誕生である。

新京極通は、京都における「原宿・竹下通り」とも言われるファッション・ストリートだ。三条通から四条通までの約五〇〇メートルを貫くアーケード街になっていて、京都在住の若者だけでなく、修学旅行の学生や、最近では多くの海外旅行者がこの道を闊歩する。京都では、もっとも賑々しい場所のひとつである。

しかし、江戸時代まで、この通りは存在していなかった。そこには多数の寺院が南北に連なるように立っていたからである。つまり、浄土宗西山深草派総本山である誓願寺を北限(三条側)にして、その南方(四条側)に向けて、誠心院、西光寺、永福寺(蛸薬師)、安養寺、善長寺、了蓮寺、歓喜光寺(錦天満宮)、金蓮寺が連続して立っていた。

これらの寺院は、豊臣秀吉の京都大改造の一環で、京都の東の端、東京極大路沿いに集められた約八〇カ寺のうちの一角を占めるものだった。秀吉は外敵から京都の街を守る目的で、寺院を兵站の拠点にしたのだ。

ところが明治に入り、先述の京都近代化政策と、にわかに布告された上知令とが重なり合い、寺院が整理されることになった。

そのうちいくつもの伽藍を備える巨大な寺院であった誓願寺は、飛鳥時代、天智天皇の誓願によって奈良で創建。鎌倉時代初期、一条小川町に移転した。中世は女人往生の寺として名を馳せ、清少納言や和泉式部がここで往生したと伝えられている。和泉式部の庵は、現在、隣接する真言宗泉涌寺《せんにゅうじ》派誠心院になっている。

さらに誓願寺はその後、秀吉の政策によって現在の地に移された。この時の境内地は現在の三条通から六角通に及んだという。

しかし、維新時、誓願寺は時代に翻弄されることになる。一八六四（元治元）年の禁門の変で、伽藍と本尊を焼失。その復興過程で神仏分離令が出された。

現在、誓願寺を訪れると、その本堂に座高二・四メートルもの大きな阿弥陀如来像が鎮座し、多くの参拝客を驚かせる。大きな光背には千体仏が刻まれ、実に神々しい姿を見せている。この大仏は、もとは石清水八幡宮（八幡市）の八幡神の本地仏として、別当寺の安楽寺に安置されていたものだ。ところが、折しも廃仏政策の嵐が京都に吹き荒れ、当時、焼失して本尊不在であった誓願寺に移されることになったのだ。一八六九（明治二）年のことであった。

誓願寺が大仏を本尊に迎え、復興を遂げようとしていた矢先に、上知令が布告される。六五〇〇坪あった境内地のうち四八〇〇坪が取り上げられたことで、誓願寺は経営難に陥り、塔頭寺院一八院のうち一五院が廃寺になってしまった。

誓願寺から南へと連なる他の寺院も同様であったという。

第一次上知令の翌年、一八七二（明治五）年冬には、上知された土地は民間の手に渡って道路敷設工事がなされた。それが現在の新京極通なのである。

誓願寺の塔頭竹林院の跡地はその後、松竹の手に渡り、常盤座が建てられた。新京極は戦後、高度成長期からバブル期にかけて、劇場・映画館がずらりと軒を並べる日本を代表する興行街として繁栄していく。

新京極通のように寺院整理に伴う再開発の例としては、祇園町も挙げられる。建仁寺の北側寺領は上知によって京都府の所有になったが、お茶屋組合が土地を譲り受け、花見小路などに整備されたのである。花見小路も今では祇園巡りの観光名所になっている。

いずれにせよ、こうした京都屈指の繁華街や観光名所が、廃仏毀釈によって誕生していた史実は、もはや京都市民の多くが知る由もない。

廃仏毀釈で生まれた島津製作所

京都の文明開化は〝古きをなくし、新しきを知る〟、すなわち伝統仏教の否定とともにあったといっても過言ではなかった。それを先導してきたのは初代知事長谷信篤と、大参事槇村正直（第二代知事）だったことは、先に述べた通りである。

ここからは廃仏毀釈と殖産興業との関係性について論じたい。当時、京都の産業界も少なからず、廃仏毀釈の影響を受けていた。

京都には京セラ、日本電産、村田製作所、任天堂、オムロン、ロームなど（売上高順）名だたる大企業が多数存在する。この中で創業がもっとも古いのが任天堂である。任天堂は一八八九（明治二二）年創業で、もとは花札を製造していた。あとの企業は、伝統産業に起源をもつ老舗かと思いきや、戦後の創設がほとんどである。

その任天堂の創業よりも一四年古い一八七五（明治八）年創業の老舗企業が島津製作所だ。二〇〇二（平成一四）年に社員の田中耕一がノーベル化学賞を受賞したことで一躍、注目を浴びた精密機器総合メーカーである。実は今日の島津製作所があるのは、廃仏毀釈が少なからず関係しているのだ。

遡れば、島津家一七代当主島津義弘が、豊臣秀吉から京都に呼び出された際、井上惣兵衛という武士が懇ろに世話をしたという。その惣兵衛の態度に感動した義弘が、三〇〇石のお墨付きと刀槍、そして「島津」の家名と「丸に十」の家紋を贈ったのが、島津製作所の源流である。

島津製作所を創業したのは島津源蔵（以下、初代源蔵）という人物だった。初代源蔵は現在の堀川六条で、具足《ぐそく》の製造を専門にする仏具店に生まれた。仏具業界における具足とは、主に寺院の本堂内陣に置かれる香炉、花生け、燭台、高坏、仏飯器など鋳物でできた仏具のことである。初代源蔵は、父清兵衛の元で鋳物具足師としての修業を積み、一八六〇（万延元）年、二一歳で分家、独立。木屋町二条に居を構えた。

初代源蔵が独立した年には、不平等条約である日米修好通商条約が調印され、開国を推し進めた大老井伊直弼が桜田門外の変で暗殺されるなどの不穏な事件が起きている。この時点ではまだ、京都における仏具店は御所や多数の寺社を取引先に抱え、安定して需要を得ていたと考えられる。

ところが、それから八年が経過した一八六八（慶応四）年。いよいよ神仏分離令が布告されると、状況は一変する。先に述べたように、京都府は多数の寺社から金属を供出させる政策に出たのである。金属を型に流し込んで仏具を製造する初代源蔵たちは、危機的状況に追い込まれた。

いっぽうで、文明開化の狼煙が上げられた。一八七〇（明治三）年に化学技術の指導を目的にした舎密局、翌年に殖産興業を推進する本部である勧業場などが設立されると、勧業博覧会の開催、新京極通の敷設などが次々と具現化していく。

仏具業界の先行きを案じつつも、初代源蔵はいまこそ産業構造の転換期にある、と鋭く察知した。彼は舎密局に出入りを始めると、持ち前の探究心を発揮し、理化学の知識と技術を瞬く間に習得していったのである。鋳物で培われた技術を生かして、輸入された教育用機器の修理や整備などを手がけた初代源蔵は、舎密局から理化学機器の製造の受注を請け負うようになっていく。舎密局で指導にあたっていたドイツ人科学者ゴットフリード・ワグネルとの出会いもあり、初代源蔵は斜陽産業となった仏具製造から、国策の中枢を担う理化学機器メーカーの立ち上げへと華麗なる事業転換を遂げていくのである。

初代源蔵が時代の趨勢をいち早く捉えられたのには理由がある。彼が居を構えていたのは、高瀬川の舟入を挟んだ勧業場の北隣だった。また、舎密局や槇村邸も目と鼻の先であり、時代の情勢をいち早く入手できる環境にあったと言える。初代源蔵は槇村にとくに重用された。しかし、源蔵は理化学機器の製造の一方で、家業である仏具製作を続けることも忘れなかったという。

新しい学校、新しい技術

初代源蔵の新規事業の追い風になったのが、京都が全国に先駆けて取り組んだ新しい時代の教育計画である。この政策によって京都では一八六九（明治二）年に、計六四校が一斉に開校している。なぜこれほどスピーディーに学校を新設できたのか。それは廃仏毀釈によって多くの寺院が廃寺になり、その土地が活用され、また伽藍が校舎として転用されたからだ。

新政府による正式な学制の太政官布告は一八七二（明治五）年八月のこと。たとえば筆者の出身校でもある京都市立嵯峨小学校は同年八月に開校している。嵯峨小学校はもとは天龍寺塔頭の招慶院の敷地と伽藍を使って創立された。招慶院は、もとは霊松院といい、一四〇一（応永八）年に夢窓国師の高弟絶海中津が創建した由緒ある寺院だった。しかし、一八六八（明治元）年に神仏分離政策に伴う塔頭寺院の統廃合によって、兵庫県神戸市への移転を余儀なくされた。その跡地が嵯峨小学校になったのである。校章には、近隣の大覚寺の寺章が採用された。現在の校舎の一部には招慶院の唐破風が使われ、往時の姿を偲ばせている。

学校が生まれれば、様々な実験、計測機器が必要になる。初代源蔵は鋳物製造で培った技術を理化学機器の開発に転用させていく。京都府中学初代校長を務めた教育者の今立吐《いまだてと》酔《すい》は、一九二〇（大正九）年二月発行の『京都一中会誌』の中でこう述べている。

「中学校の教授器械の不足を補う為めに大変力に成って呉れた島津源蔵という人の功績は此処に記載して置きたいと思います。物理化学の器械で東京でも出来ないもの、又仮令《たとい》出来ても大変費用のかかる物は彼に教科書中の図を見せて説明を与えてやると間に合う様に拵《こしら》えて呉れました」

それでもまだ日本が貧しい時代、初代源蔵が事業を始めた当初は、必ずしも思うような受注が得られたわけではなかった。しかし、一八七七（明治一〇）年に東京上野で開催された第一回内国勧業博覧会において、初代源蔵は医療用ブージー（拡張器、ゾンデ、細管）を出展。それが褒賞を受けたことがきっかけで、事業は軌道に乗っていく。

初代源蔵から長男の二代目源蔵へと代替りをした頃には、仏具業からは完全撤退。二代目源蔵は蓄電池の研究と事業化に奔走していく。蓄電池事業は時代の趨勢をとらえた。一九〇四（明治三七）年に始まった日露戦争によって特需となったのだ。この蓄電池は島津源蔵の頭文字をとって「GS蓄電池」と命名された。現在の自動車用バッテリーの世界シェア三位で知られるGSユアサの源流である。

二〇一八（平成三〇）年一一月現在、島津製作所は従業員三三九六人（連結一万二三二八人）、連結売上高三〇〇〇億円を超える規模にまで発展し、世界的な知名度を得ている。明治維新の光と影があって、今日の島津製作所がある。それが歴史の巡り合わせ、というものなのだろう。

天皇の葬儀は仏式だった

最後に、京都の廃仏毀釈が天皇家にも影響を及ぼした事例を紹介しよう。

実は、神道そのもののシンボルとなった天皇家もまた、神仏分離政策に翻弄された存在だった。それもそのはず、天皇家自体が非常に熱心な仏教徒であったからだ。いまより遡れば六世紀、外来宗教の仏教に帰依し、国家仏教の枠組みを導入したのは、用明天皇や推古天皇、用明天皇の皇太子である聖徳太子であったことは多くの日本人が知る史実だろう。その流れを受け、天皇家と寺院とは切っても切れぬ関係にある。一〇〇〇年の都であった京都において総本山・大本山と呼ばれる寺院は、何かしら皇室にゆかりのある寺院であったりする。出家した皇族が住職をつとめてきた門跡寺院だけでも、青蓮院、仁和寺、大覚寺、聖護院、曼殊院など三〇カ寺にも及ぶ。その門跡寺院の一部は、神仏分離をきっかけに大きく衰退していくことになる。

皇室ゆかりの寺の最たる存在が、東山に位置する真言宗泉涌寺派総本山の泉涌寺だ。泉涌寺では、多くの天皇の墓や位牌が祀られており、天皇家の菩提寺と位置づけられる。

一二四二（仁治三）年、四条天皇が一二歳の若さで崩御する。その際、泉涌寺で葬儀が実施されて以降、ここは「皇室の御寺《みてら》」と呼ばれるようになった。さらに、南北朝時代の一三七四（応安七）年に後光厳天皇（上皇）が同寺で火葬されたのを皮切りに以降、九代続けて天皇の火葬所となった。江戸時代の歴代天皇（後水尾天皇から孝明天皇）、皇后はすべて泉涌寺に埋葬されている。

泉涌寺の霊明殿には歴代天皇の位牌である尊牌を安置、朝夕のお勤めの際には同寺の僧侶によって、読経がなされる。各天皇の祥月命日には皇室の代理として、宮内庁京都事務所からの参拝が行われるという。

天皇陵といえば、仁徳天皇陵をはじめとする巨大墳墓というイメージが強い。しかし、泉涌寺にある天皇陵は実に質素である。天皇の墓は九重の石塔の意匠が特徴の典型的な仏式墓であり、月輪陵（光格天皇以降は別区画の後月輪陵）に二五陵と五灰塚、九墓（親王らの墓）が祀られている。江戸時代最後の天皇である孝明天皇・皇后については、尊王攘夷運動の最中に造築されたために、月輪陵に他の天皇と一緒に祀られることなく、泉涌寺境内に墳丘型陵墓として特別に祀られている。それでも泉涌寺の天皇陵はすべて合わせてもおよそ一六〇〇坪ほどであり、さほど広いイメージではない。

天皇の弔いは、長年、火葬であった。厳密に言えば、中世以降の天皇は、仏式の火葬と神道の建前である土葬が混在する形で弔われていた。第一〇八代の後水尾天皇以降は表向きには火葬、実質は土葬という不思議な形態をとっていた。正式に土葬になるのは、明治天皇の父孝明天皇からである。しかし、孝明天皇の葬式は神仏分離令より前であったために、仏式で行われた。

それが、完全に神葬祭に切り替わり、また埋葬法も土葬になるのは明治天皇以降である。明治天皇は「幼い頃過ごした京都に」という遺言をもとに、京都・伏見に陵墓が造られた。

明治天皇陵は古代の天皇陵に回帰した巨大な上円下方墳であった。続く大正天皇、昭和天皇、そしてその皇后は東京・八王子市の武蔵陵墓地に、やはり巨大な上円下方墳形式で祀られている。

実は今上天皇も崩御後は、土葬になる予定であった。ところが、宮内庁は二〇一三（平成二五）年、天皇・皇后の意向を踏まえ、火葬にすることを発表。陵墓の大きさも二割程度縮小するという。天皇陵は、時代時代の宗教事情によって常に変化してきているのだ。

消滅した天皇家の菩提寺

こうした史実から見ても、天皇家は明らかに仏教徒であった。ところが、神仏分離政策の波は天皇にも押し寄せてきたのである。

まず、宮中から仏教色が排された。御所にあった御黒戸《おくろど》（仏間）が潰されて、そこに納められていた仏像や尊牌、真影が泉涌寺に集約されることになったのだ。その上で泉涌寺には、「尊牌・尊像奉護料」として年一二〇〇円を下賜されることになった。

さらに、泉涌寺における天皇陵の墓域がすべて上知され、官有地とされた。それまで天皇、皇后の葬儀は泉涌寺が一切を執り行ってきたが、その慣習は明治天皇以降、消滅したのである。

泉涌寺は天皇家の菩提寺であったため、檀家はいない。そのため、陵墓域の上知後、とりわけ戦後、憲法二〇条で政教分離の原則が規定されると、国費が投入できなくなった。そのため、天皇の私費に加え、真言宗系新宗教の解脱会の奉納金などで維持されてきたのである。一九六六(昭和四一)年には「御寺泉涌寺を護る会」を発足させ、現在その総裁に秋篠宮文仁親王が就いている。このようにして、皇室ゆかりの寺院を維持する努力がなされているのである。

実は、かつて京都には泉涌寺と並ぶ皇室の菩提寺が存在した。上京区千本今出川にあった天台宗般舟院《はんじゅういん》である。天皇の葬儀・火葬・埋葬を執り行うのが先の泉涌寺だったのにたいし、般舟院は歴代天皇の尊牌を祀ってきた。しかし、神仏分離政策によって尊牌は泉涌寺に移され、天皇家の菩提寺としての歴史を閉じてしまったのである。

現在、般舟院のあった場所は京都市立嘉楽中学校になっている。嘉楽中学校になる前は、一八六九(明治二)年、全国で学制が発布される前にできた上京第七番組小学校である。般舟院の上知に伴い、小学校に転じたのだ。

一九二五(大正一四)年にまとめられた廃仏毀釈関連の史料が生々しくその様子を語っ

ている。

「（前略）皇室の御喪事は、山陵制に復古せられた故に、尊牌を奉安しても、保護料の御下附がないから、将来維持の見込なければ、護持もなり難く、自然不敬に渉《わた》る取扱に、ならんとも限らず、斯《かく》ては恐れ多き次第である、故に尊位を、泉涌寺に奉遷し、宸殿を小学校に仕《つかっ》たら、市の公益になり、当院の重任も軽くなり、寺の為にも、結句よからうでないかと、相談的、説諭に及んだ府知事が一面、般舟院の為に諮《はか》るが如くして、一面に官権を以て、威圧的に、強誘したのである（後略）」（『維新前後仏教遭難史論』）

境内地の大部分は学校になり、そのほかの敷地に総門と講堂が大正期まで残っていた。しかし、それも一九二三（大正一二）年の関東大震災の折、被災した鎌倉の建長寺に寄付されたという。

筆者が二〇一八（平成三〇）年九月に訪れた際には、その跡地には皇室ゆかりの寺の面影はまったく感じられない、鉄筋コンクリートでできた一間だけの無住の堂宇が建っていた。

実は、この般舟院、二〇一一（平成二三）年の六月に、残された境内地（約三八〇坪）が競売にかけられ、一億三〇〇〇万円で北海道の不動産会社の手に渡っていたことが判明している。安置されていた重要文化財指定の阿弥陀如来坐像、不動明王坐像も一時、住職によって持ち出され、民家に隠蔽されていた。この住職は二〇一二（平成二四）年に書類送検され、宗門を破門されている。

皇室の菩提寺が、廃仏毀釈をきっかけに衰退し、いまの時代になって消滅してしまったのである。

いずれにせよ、当時は天皇家すら、神仏分離政策には抗えなかったのだ。明治・大正期の浄土真宗本願寺派の僧侶で龍谷大学財団理事長を務めた松島善海は、このような興味深い言葉を残している。


「明治天皇が崩御されるとき、『朕が一生に於いて心残りのことは、即位式を仏教の大元帥の法によって出来なかったことである』と仰されたということは、天皇の御心情として察するに余りあるものがある」（「松島善海師談」）

結びにかえて

神仏習合とその分離の歴史

ここまで全国の廃仏毀釈の実態を紹介し、また、廃仏の背景などについて述べてきた。ここで、ざっとおさらいをしてみたい。

日本の宗教は七世紀以降、主に神道と仏教とが混じり合う混淆宗教の形態をとってきた。そもそもは外来宗教であった仏教だが、聖徳太子が仏法への帰依を表明。仏教は国家仏教の中に組み込まれ、以降、安定的に繁栄していくことになる。

平安時代に入ると、本地垂迹説という神仏習合思想が生まれる。本地垂迹説は、日本の神々は仏菩薩が化身としてこの世に現れた姿（権現）だとする説である。この結果、たとえば天照大神は大日如来が本地となり、瓊瓊《にに》杵尊《ぎのみこと》は釈迦如来、八幡神は阿弥陀如来――などとして、神社の神殿で偶像が祀られていく。同時に、神宮寺、別当寺などという形態で、神社に付随する寺院が増えた。そこに住持する社僧も現れた。

鎌倉時代から江戸時代まで、仏教は武家社会に庇護される形で興隆する。特に江戸時代、キリシタン禁制を目的にした檀家制度によって、寺院はムラ社会における確固たる地位を築いた。すると既得権益に守られた仏教は、常に神道より立場が上、という状態となった。神社を支配下におき、僧侶が神官を虐げるということも、しばしば起きた。

全国では、神社と寺院が混じり合った宗教施設があちこちに出現する。京都の八坂神社、愛宕神社、石清水八幡宮、奈良の春日大社、伊勢の神宮などに至るまで、すべてに仏教（寺院）的要素が入り込み、社僧が運営や儀式に至るまで権限を振るった。

しかし、一七世紀に入ると、仏教の支配的構造に異論を唱える学説が登場する。国学は、『古事記』『日本書紀』などの古典研究を基にして、古来の神道に理想を求めた。国学思想では仏教は所詮、外来宗教という位置付けであった。本地垂迹説は否定された。国学思想は幕末の、諸外国による開国要求ともあいまって、攘夷を掲げる武士層の、あるいはそれまで虐げられてきた神官にとっての、精神的支柱となっていく。

国学と儒学、史学などを結合させた独自の学問水戸学を立ち上げた水戸藩では、先行的に廃仏毀釈が断行されている。第二代藩主徳川光圀は、無秩序に増えていく祈禱寺院や、出所の分からぬ僧侶が跋扈しだす状況にたいし、寺院を大幅に削減する施策を講じた。また、幕末の第九代藩主徳川斉昭の時代には金属供出を目的として、無差別に寺院を廃寺に追い込んでいる。

本格的な廃仏毀釈の狼煙を上げたのが一八六八(慶応四)年三月一七日からの一連の神仏分離令であった。神仏分離令は王政復古、祭政一致に基づいて、あくまでも、神と仏を区別するのが目的の法令だった。その内容は神祇官の再興、神社における僧侶の還俗、権現号の廃止、神葬祭への切り替えなどである。

しかし、為政者や神官の中には、この神仏分離令を拡大解釈する者が現れた。

同年四月一日、比叡山延暦寺が支配していた大津・坂本の日吉大社で神官らによる暴動が勃発。社殿に安置されていた仏像、仏具、経典などが焼き捨てられた。

これを機に、全国で寺院破壊が加速化する。鹿児島では一時、寺院と僧侶がゼロになった。また松本、苗木、伊勢、土佐、宮崎などでも市民をも巻き込んだ激烈な廃仏運動が展開された。

廃仏運動にたいし、新政府は度々、戒める布令を出すが、コントロール不能な状態に陥った。

廃仏毀釈が与えた仏教界への影響は甚大である。多くの仏教建造物、仏像、仏具、経典が灰燼《かいじん》に帰した。廃仏毀釈によって九万あったと推定される寺院は半分の四万五〇〇〇ほどになった。廃仏毀釈がなければ日本の国宝はゆうに三倍はあったともいわれる。

また、神仏混淆が否定されたことで、修験道や呪術などの民間宗教は著しく衰退。京都では一時期、五山送り火や地蔵盆、盆踊りなどの仏教行事も禁止となった。

同時期、仏教寺院は上知令によって大部分の寺領が召し上げられ、また、「肉食妻帯蓄髪等可為勝手事（肉を食べてもよし、妻を娶《めと》ってもよし、髪をはやしてもよし）」との太政官布告によって、僧侶の俗化が強いられた。廃仏毀釈は日本が古来醸成してきた文化、精神性をことごとく毀した。

こうして振り返れば、廃仏毀釈は、まことに取り返しのつかない宗教史上最悪の暴挙であったと言わざるを得ない。明治維新というエポックは、宗教史的にみれば「国家仏教」から、「国家神道」への突然の転換であり、その陰に、日本の仏教の多大なる犠牲が存在したのである。

四つの要因

廃仏毀釈の要因は主に四つが挙げられるだろう。

①　権力者の忖度
②　富国策のための寺院利用
③　熱しやすく冷めやすい日本人の民族性
④　僧侶の堕落

である。

「①権力者の忖度」による廃仏毀釈の例は、最後の松本藩主戸田光則の取った行動がわかりやすい。新政府の幕府追討軍に合流する決断が遅れた負い目が過剰なまでの忠誠心を生み、それが激しい廃仏毀釈となって表れた。また、宮崎は小藩が分立しており、廃仏を推進する薩摩藩の強大な影響力につき従ってしまった。

「②富国策のための寺院利用」は、そもそも水戸藩が考案した合理化政策である。最初は外国船打ち払いのための大砲鋳造を目的にし、寺院から金属を供出させた。薩摩藩では没収された鐘や仏具が、贋金の鋳造に使われた。また、京都では四条大橋が仏具を溶かして、造られた。寺院が社会インフラに利用された例でいえば、寺院の伽藍の多くが学制の発布とともに学校に転用された。

「③熱しやすく冷めやすい日本人の民族性」を挙げたのは、為政者だけではなく、大衆も仏教破壊に加わっていったからである。これまで手を合わせ続けた仏菩薩や寺院に向けられた憎悪は、徳川幕府という旧体制から新時代に切り替わった途端に、燃え上がった。

しかしながら、廃仏毀釈が収まるのも意外に早かった。各地における廃仏毀釈の時期はズレてはいるが、多くは一～二年ほどの間で破壊が止んでいる。キリスト教の解禁を含めて信教の自由が布達されると、廃仏毀釈は一八七六（明治九）年までにほぼ完全に終息していった。

廃仏毀釈の終息に関しては、浄土真宗の力も多分に影響した。信仰に基づく激しい抵抗に加え、新政府へのロビイ活動（多額の献金なども含めて）が政治を動かした面も大きい。

寺院が一掃された後は、寺院再興の機運が高まり、人々は急激に、「ムラの檀家」の枠組みに戻っていく。この揺り戻しの変わり身の早さを見ると、あの激しい廃仏毀釈は一体、何だったのか、と不思議に思えるほどだ。

①②は、それが時代の流れといえばそうだったのかもしれない。③は今の日本人にも共通する民族性であろう。

一方で、仏教者が直視すべきは「④僧侶の堕落」である。仏教界の体たらくが廃仏毀釈をより過激にさせた面は無視できない。

第四章でふれた松本の若澤寺のケースがわかりやすいだろう。若澤寺は江戸時代、松本でも屈指の規模を誇る大寺院であった。しかし、住職が妾の元に入り浸り、地元の人々から「新若澤寺」と揶揄《やゆ》される存在になっていた。

松本では七六％の寺院が破却されているが、その後、復興できた寺院とそうでない寺院とに分かれた。若澤寺は復興できなかった。松本の人々は、「仏教者の本分を忘れ、庶民を苦しめる存在ならば、そんな寺はもういらない」との判断を下したのである。復興が叶わなかった寺院は、むしろ経済的にも恵まれた大寺が多かったのではないか。

地域にとって必要な寺は残り、不必要な寺はなくなる。これは世の常である。

江戸時代、寺院の数は人口三〇〇〇万人に対し、九万カ寺もあった。それが廃仏毀釈によって、わずか数年間で四万五〇〇〇カ寺にまで半減した。それが現在、七万七〇〇〇カ寺（人口一億三〇〇〇万人）にまで戻してきている。厳しい言い方をすれば、復興が叶わなかった寺院は、そもそも社会にとって「不必要な」寺院であったのかもしれない。

そういう意味では、廃仏毀釈によって寺院は人口比で適正数に落ち着いた、とも言えるのではないだろうか。

一連の調査を終え、私はこうも考える。明治以降も仏教が消滅することなく、今日まで続いてきているのはある意味、廃仏毀釈があったからではないか。これほどまでに多大な犠牲を払ったことは極めて残念なことであるが。

これまで幕府によって特権を与えられ、一部では堕落もしていた仏教界が、はからずも綱紀粛正を迫られ、規模が適正化するとともに、社会における仏教の役割が明確化されたという「プラスの側面」も、廃仏毀釈にはあったのではないか、と考えるのだ。

近年、京都の石清水八幡宮は寺院と合同法要を実施するなど、神仏習合回帰の動きを見せている。例えば二〇一〇（平成二二）年には、一四二年ぶりに清水寺との合同献水慶讃法要が実施された。石清水八幡宮の宮司と清水寺の貫主《かんす》が同一空間で、祝詞と経を読み上げた。以来、毎年両社寺において神仏合同の法要が行なわれている。このことを私は本来の日本の宗教のおおらかな姿そのものであり、とてもいいことだと思っている。そもそも、仏教伝来以降、一三五〇年は神仏習合しており、神仏が分離しているのは明治以降一五〇年間だけなのだから。

私自身、仏教者の端くれである。本書を手がけようと思ったきっかけは、二〇一五（平成二七)年に上梓した『寺院消滅——失われる「地方」と「宗教」』(日経BP社)に遡る。いま、日本の各地では都市への人口の流出や核家族化に伴って、寺院が維持できなくなっている。また、死生観の変化によって葬送の希薄化が進んでいる。そこには僧侶の堕落も要素として絡んでいる。

実は、「寺が消える」という点においては、かつての廃仏毀釈と、現在の寺院を取り巻く状況とはさほど変わらない。私はとくに都会人によく見られる〝僧侶に対する反発〟は、「第二の廃仏毀釈」の前兆現象とみている。

社会にとって必要とされる寺であるためには、僧侶がどうあるべきか。一五〇年前の惨劇が教えてくれることは決して少なくない。

＊＊＊＊＊＊＊＊＊＊＊＊＊

さて、最後に私の取材に力を貸してくださった方々にこの場を借りて御礼申し上げたい。取材は苦難の連続であった。なにしろ、廃仏毀釈によって多くの史料が失われていたからである。山野をかき分け、廃寺跡に調査に入ることもしばしばあった。

特に松本の調査においては玄向寺の荻須真尚上人、宮崎・鹿児島では自然寺の岩崎念唯上人と尾関快照上人、伊勢では蓮浄寺の堤康雄上人と観音寺の藤田直信上人に、自坊の法務で忙しい中、史料を集めてもらい、また現地取材にも同行していただいた。

廃仏毀釈の痕跡を全国調査するという、過去に例をみない取材が完結できたのも、皆様の力添えがあったおかげである。ありがとうございました。

また、企画提案から改稿まで、文藝春秋の前島篤志さんに担当していただき、明治維新一五〇年の節目である二〇一八年内に、本書が日の目を見ることができた。

なお、本文中は敬称を略させていただいた。

廃仏毀釈の実態を明らかにする過程は、私自身、僧侶としてどうあるべきか、との問いかけでもあった。廃仏の苦難を乗り越えられた先人に敬意を表するとともに、「第二の廃仏毀釈」を回避すべく、精進を続けていきたいと思う。

二〇一八年一一月吉日　自坊の嵯峨・正覚寺にて

鵜飼　秀徳

参考・引用資料

村上専精・辻善之助・鷲尾順敬『明治維新　神佛分離史料　第一・二・三・四・五巻』名著出版　一九七〇年
畑中誠治・井戸庄三・林博通・中井均・藤田恒春・池田宏『滋賀県の歴史』山川出版社　一九九七年
大津市『新修　大津市史　第五巻　近代』大津市　一九八二年
滋賀県立琵琶湖文化館『特別展　日吉山王権現——神と仏の美術——』滋賀県立琵琶湖文化館　一九九一年
木村至宏『図説　滋賀県の歴史』河出書房新社　一九八七年
大津市歴史博物館市史編さん室『図説　大津の歴史　下巻』大津市　一九九九年
滋賀県百科事典刊行会『滋賀県百科事典』大和書房　一九八四年
栗原信一『フェノロサと明治文化』六芸書房　一九六八年
義江彰夫『神仏習合』岩波書店　一九九六年
圭室文雄『神仏分離』教育社　一九七七年
太田保世『日本の屈折点』ごま書房　二〇〇七年
島薗進『国家神道と日本人』岩波書店　二〇一〇年
平田卓也・砂本文彦『日本建築学会計画系論文集　第七八巻第六九二号』「廃仏毀釈による寺院の転用について——高知藩内の四国霊場を事例として——」二〇一三年
水戸市史編さん委員会『水戸市史　中巻　第一・三』水戸市　一九六八・一九七六年

山川菊栄『覚書　幕末の水戸藩』岩波書店　一九七四年
高村光雲『幕末維新懐古談』岩波書店　一九九五年
名越護『鹿児島藩の廃仏毀釈』南方新社　二〇一一年
佐伯恵達『廃仏毀釈百年――虐げられた仏たち――』鉱脈社　一九八八年
中村明蔵『薩摩民衆支配の構造　現代民衆意識の基層を探る』南方新社　二〇〇〇年
栗林文夫『薩摩藩廃仏毀釈論』鹿児島県歴史資料センター黎明館　二〇一七年
鹿児島県歴史資料センター黎明館『かごしまの仏たち　～守り伝える祈りの造形～』「かごしまの仏たち」実行委員会　二〇一七年
鵜飼秀徳『寺院消滅――失われる「地方」と「宗教」』日経BP社　二〇一五年
北川健「幕末長州藩における神仏分離の展開」山口県文書館研究紀要　七巻　一九八〇年
佐師朝規『鵜戸神宮』佐師朝規　一九九七年
土田充義ほか『鵜戸神宮本殿調査報告書』鵜戸神宮　一九九四年
平部嶠南『日向地誌』青潮社　一九七六年
山之城民平『近世飫肥史稿』山之城トシ　一九七九年
義門寺二十六世満誉覚雄『東福院義門寺縁起・紹介之抄』
福嶋峯林『法華嶽薬師寺史』鉱脈社　一九九六年
飛田博温「藩校教育と千手八太郎」宮崎県地方史研究紀要　第三二輯　二〇〇六年
『宮崎県宗教年表1962』宮崎県総務部総務課　一九六二年
『宮崎県宗教法人名簿1960年』宮崎県総務部総務課　一九六〇年

正木直彦『回顧七十年』学校美術協会出版部　一九三七年
同好史談会『漫談明治初年』批評社　二〇〇一年
東白川村公式サイト「東白川村の『廃仏毀釈』」
安丸良夫『神々の明治維新――神仏分離と廃仏毀釈――』岩波書店　一九七九年
佐々木孝正「竹生島における神仏分離について」大谷學報　第五五巻第二号　一九七五年
『市民タイムス（松本）』二〇一二年二月一九日号
松本仏教和合会会誌刊行委員会『松本の仏教――松本仏教和合会の歩み――』一九九二年
長野県波田町教育委員会『若澤寺を探るⅡ・Ⅴ～若澤寺跡調査報告書～』二〇〇五・二〇〇七年
長野県波田町教育委員会『若澤寺文献資料集一・二・三』二〇〇四～二〇〇八年
松本市波田公民館『若澤寺文献資料集四』二〇一〇年
長野県教育史刊行会『長野県教育史　第九巻　史料編三』一九七四年
長野県近代史研究会『長野県近代史研究第四号』一九七二年
石井昭郎『菩提山神宮寺小考』
三重県『三重県史　資料編　近代四　社会・文化』一九九一年
三重郷土会『論集三重の古文化　第七七号』一九九七年
加藤多喜男『ふるさと奈屋浦』奈屋浦漁業協同組合　二〇〇〇年
「愛知県史研究」編集委員会・愛知県総務部総務課県史編さん室『愛知県史研究　第九号』二〇〇五年
碧南市『碧南市史料　第一一巻第二号』一九六五年
梅原猛『歓喜する円空』新潮社　二〇〇六年

多摩石仏の会『多摩石仏散歩』武蔵書房　一九七一年
調布市市史編集委員会『調布市教育史』調布市教育委員会　一九八二年
調布市史編集委員会『調布の近現代史料　第二集』調布市　一九九三年
たましん歴史・美術館歴史資料室『多摩のあゆみ　第一四五号』財団法人たましん地域文化財団　二〇一二年
深大寺『深大寺学術総合調査報告書　第三分冊』一九八七年
狛江市市史編集専門委員会『新狛江市史』狛江市　二〇一六年
天台宗典編纂所『續天台宗全書　天台宗本末帳』春秋社　一九八八年
京都府立総合資料館『京都府百年の資料六　宗教編』京都府　一九七二年
京都府立総合資料館『京都府百年の年表六　宗教編』京都府　一九七〇年
京都市『京都　歴史と文化二』平凡社　一九九四年
京都市『京都の歴史七　維新の激動』學藝書林　一九七四年
大角修『天皇家のお葬式』講談社　二〇一七年
島津製作所総務部『島津の源流』一九九五年
島津製作所『未来への挑戦　島津製作所140年の歩み』二〇一五年
村上紀夫『京都地蔵盆の歴史』法藏館　二〇一七年
小林善仁「近代初頭における天龍寺境内地の景観とその変化」佛教大学歴史学部論集　第二号　二〇一二年
文化庁『宗教年鑑　平成二九年版』二〇一七年

飯塚義博「明治期東京における共葬墓地の成立過程と市区改正委員会案」日本建築学会計画系論文集　第七七巻第六七九号　二〇一二年

鵜飼秀徳（うかい　ひでのり）
ジャーナリスト、浄土宗正覚寺副住職。1974年京都市右京区生まれ。成城大学文芸学部卒業。報知新聞社、日経BP社を経て、2018年1月に独立。一方、僧侶としての顔も持つ。著書に『お寺の日本地図　名刹古刹でめぐる47都道府県』（文春新書）、『寺院消滅　失われる「地方」と「宗教」』、『無葬社会　彷徨う遺体　変わる仏教』（いずれも日経BP社）、『「霊魂」を探して』（角川書店）、『ペットと葬式　日本人の供養心をさぐる』（朝日新書）など。一般社団法人「良いお寺研究会」代表理事。東京農業大学非常勤講師。

文春新書

1198

仏教抹殺《ぶつきょうまっさつ》
なぜ明治維新《めいじいしん》は寺院《じいん》を破壊《はかい》したのか

2018年12月20日　第1刷発行
2021年11月20日　第10刷発行

著　者　　鵜　飼　秀　徳
発行者　　大　松　芳　男
発行所　株式会社　文　藝　春　秋

〒102-8008　東京都千代田区紀尾井町3-23
電話（03）3265-1211（代表）

印刷所　　理　想　社
付物印刷　　大日本印刷
製本所　　大　口　製　本

定価はカバーに表示してあります。
万一、落丁・乱丁の場合は小社製作部宛お送り下さい。
送料小社負担でお取替え致します。

ISBN978-4-16-661198-0

◆日本の歴史

姫君たちの明治維新　岩尾光代
日本史の新常識　文藝春秋編
日本プラモデル六〇年史　小林　昇
仏教抹殺　鵜飼秀徳
昭和天皇 最後の侍従日記　小林 忍＋共同通信取材班
令和を生きるための昭和史入門　保阪正康
内閣調査室秘録　志垣民郎 岸 俊光編
木戸幸一　川田　稔
「京都」の誕生　桃崎有一郎
皇国史観　片山杜秀
昭和史がわかるブックガイド　文春新書編
遊王 徳川家斉　岡崎守恭
東條英機　一ノ瀬俊也
信長 空白の百三十日　木下昌輝
感染症の日本史　磯田道史
平安朝の事件簿　繁田信一

◆文学・ことば

翻訳夜話　村上春樹 柴田元幸
翻訳夜話2 サリンジャー戦記　村上春樹 柴田元幸
漢字と日本人　高島俊男
語源でわかった！英単語記憶術　山並陞一
すごい言葉　晴山陽一
危うし！ 小学校英語　鳥飼玖美子
外交官の「うな重方式」英語勉強法　多賀敏行
名文どろぼう　竹内政明
「編集手帳」の文章術　竹内政明
ビブリオバトル　谷口忠大
新・百人一首　岡井 隆・馬場あき子 永田和宏・穂村 弘選
劇団四季メソッド「美しい日本語の話し方」　浅利慶太
芥川賞の謎を解く　鵜飼哲夫
司馬遼太郎に日本人を学ぶ　森　史朗
週刊誌記者 近松門左衛門　鳥越文蔵監修 小野幸惠
昭和のことば　鴨下信一

ビジネスエリートの新論語　司馬遼太郎
オッペケペー節と明治　永嶺重敏
世界はジョークで出来ている　早坂　隆
一切なりゆき　樹木希林
天才の思考　鈴木敏夫
いま、幸せかい？　滝口悠生選
英語で味わう万葉集　ピーター・J・マクミラン
歎異抄 救いのことば　釈　徹宗

文春新書好評既刊

本郷和人
日本史のツボ
土地、宗教、軍事、経済、地域、女性、天皇。七大テーマを押さえれば、日本史の流れが一気につかめる。人気歴史学者の明快日本史
1153

山内昌之・佐藤 優
大日本史
博学無双の二人が、幕末から太平洋戦争までの「日本の最も熱い時代」を徹底討論。「日本とは何か」「日本人とは何か」が見える！
1150

坂本多加雄・秦 郁彦・半藤一利・保阪正康
昭和史の論点
日本は進路を誤ったのか。戦前は「暗黒」だったのか。ワシントン体制から戦争責任まで、現在にまで尾をひく諸問題を徹底討論する
092

蒲池明弘
邪馬台国は「朱の王国」だった
水銀と原料の朱は古代、大変な価値があった。その主産地は近畿と九州。邪馬台国論争や神話の解釈に新たな光をあてる「朱」の古代史
1177

岩尾光代
姫君たちの明治維新
お城やお屋敷の奥深くで蝶よ花よと育てられた姫君たちを襲った時代の大波。悲しく、儚く、だけどどこか逞しい女たちの明治維新物語
1184

文藝春秋刊